21世紀に生きる読者を育てる

第三項理論が拓く文学研究／文学教育

高等学校

田中　実
須貝千里　編著
難波博孝

明治図書

まえがき

わたくしたちは、文学研究、とりわけ近代文学研究と国語科教育の実践／研究の停滞・混迷を超え、ポスト・ポストモダンの時代を拓いていくために本書を編みました。田中実氏の第三項理論による〈新しい作品論〉の提起を前提にした「教材研究」と「授業構想」によって、〈新しい作品論〉の提起を教育と研究の現場に開いていこうと考えました。第三項理論とは、〈主体〉と〈客体〉の二項による世界観認識ではなく、〈主体〉と〈主体が捉えた客体〉と了解不能の〈客体そのもの〉の三項による世界観認識のことです。この理論は、物語・小説の読書行為（「読むこと」の授業）の根拠と、〈近代小説〉と〈近代の物語文学〉の違い（それぞれの教材価値）についての決定的な提起として、展開していきます。

周知のように、小学校・中学校の次期学習指導要領が二〇一七年三月に、高等学校のものは二〇一八年三月に告示されました。次期学習指導要領では、各教科の目標の前提として「見方・考え方」が提示されています。「国語科」の「目標」は「言葉による見方・考え方を働かせ」と書き出され、このことは「対象と言葉、言葉と言葉との関係を、言葉の意味、働き、使い方等に着目して捉えたり問い直したりして、言葉への自覚を高めること」（文部科学省『解説』）であるとされています。ここで、まず注視しなければならないことは、「対象」が〈主体が捉えた客体〉であるにもかかわらず、〈客体そのもの〉の如く把握されてしまっていることです。こうした実体主義には初歩的な、そして根源的な誤謬が潜在しています。この事態は、「国語科」の始まりとともに前提とされてきた事態なのですが、今日まで看過され続けてきました。このことが、ときに正解到達主義の現れとなり、ときに正解到達主義批判の現れとなり、両者の混濁、エセ価値相対主義の現れの源泉になってきました。ナンデモアリという事態です。この二項論は「国語科」を停滞させ、腐敗させてきました。高校「国語科」の科目の再編成においても汎用的な「資質・能力」の育成が前面に出されていますが、事態は放置されています。こうした事態は文学研究にも及んでいます。「読むこと」の根拠と方法をめぐる混迷として、です。

第三項理論は〈客体そのもの〉の〈影〉としての〈本文〉の成立を課題にしています。次期学習指導要領はこれからの時代を「予測困難な時代」であるとし、こうした事態に応える「資質・能力」を「国語科」にも求めているのですが、そうであるならば、第三項理論によって拓かれる世界観認識を等閑視していていいのでしょうか。こう問いかけたいと思います。世界の同時存在（パラレルワールド）という事態にいかに向き合うのかが、今日の激しい《神》と《神》の闘いの時代において問われているからです。〈自己倒壊〉と〈主体〉の再構築が課題とされているからです。

本書の刊行が、第三項理論によって拓かれる〈読み〉の新たな地平との対話の呼び水となっていくことを願っています。学問としての文学研究／文学教育研究、「国語科」にはこうした問い直しが求められています。なお、本書は科学研究費の助成を得た研究（基盤研究（Ｃ）（一般）１６Ｋ０４７１１）の成果を基にしたものです。この研究は、田中実、難波博孝、齋藤知也、山中正樹、中村龍一、相沢毅彦、そして須貝千里の、七名を中心にして進められてきました。

須貝　千里

本書の使い方

〈すべての読者の皆様へ〉

本書は、どの文章から読んでいただいても、それぞれ独立してお読みいただくことができます。また、それぞれの文章は、「総論／教材＝作品」という横糸（緯）と「作品研究―教材研究―授業構想」という縦糸（経）で結ばれていますので、様々につなげて読んでいただくと、より興趣が深まるようになっております。

〈高等学校の先生方へ〉

一番気になる教材の授業構想からお読み下さい。そして、どうしてこのような授業構想になるのか気になったら、一つ前の教材研究をお読み下さい。そうすると、このような授業になったわけが分かります。さらに、なぜこのような教材研究をするのか気になったら、もう一つ前の作品研究をお読みください。教材研究の〈根拠〉がお分かりになるでしょう。他の教材についてもご覧になった後で、最後に三つの総論をお読みになると、本書の全体が分かるようになっております。

〈国語教育の研究者へ〉

まず、まえがき、そして、総論の須貝論（二六一頁〜）と難波論（二七五頁〜）をお読み下さい。

そうすると、本書の「国語教育」の立場がお分かりになるでしょう。そのうえで、各教材の、教材研究と授業構想をお読み下さい。教材を超えて総論から串刺しに読んでいただくことで、本書の文学教育観が明瞭になります。そのうえで、総論の田中論（二四六頁～）、および各作品の作品研究をお読みになると、本書の世界観認識が露になるでしょう。

〈近代文学の研究者へ〉

まず、総論の田中論（二四六頁～）、および、あとがきをお読み下さい。そうすると、本書の「文学研究」の立場がお分かりになるでしょう。そのうえで、各作品の作品研究をお読み下さい。作品を超えて総論から串刺しに読んでいただくことで、本書の文学研究観が明瞭になるでしょう。もしも、国語教育や文学教育に興味をお持ちでしたら、総論の須貝論（二六一頁～）と難波論（二七五頁～）、また、各教材の教材研究や授業構想をお読みいただければ幸いです。

目次

山月記

神様　2011

鏡

総論　第三項理論が拓く文学研究／文学教育

夏目漱石
こころ

『こゝろ』の掛け橋／〈読み〉の革命
―新しい作品論のために―

田中　実

はじめに

日本の〈近代小説〉で最も読まれているという夏目漱石の『こゝろ』は、恋愛と友情の三角関係の悲劇、「お嬢さん」、現在の「奥さん」をめぐる「K」と「先生」の二人の時を隔てた自殺が推理小説仕立てで語られ、親しみやすくドラマチック、しかしその反面、これが如何に語られ、どこに落ち着くかに踏み込んでいくと、この作品は意外にも一体何を言おうとしたのか、実は極めて分かりにくい、あるいははぐらかされた小説のようにも感じます。そこで唐突ですが、村上春樹は『こゝろ』についてわずか一言だけ、インタビューで次のように言います。

『ねじまき鳥クロニクル』くらいでやっと、自分でも納得のいくサイズの物語世界をつくることができた。ただ当時は僕が「物語」と言ってもほとんど話が通じなかった。そのころはまだ物語というものが、現代文学における重要な命題だと見なされていなかったんです。（中略）好きなのはなんといっても『三四郎』『それから』『門』の三部作。描かれているのは、『三四郎』は学生時代、『それから』になるともう少し上の三十前後、『門』は三十代ですよね。その三つがとても好きだった。どうしても好きになれないのは『こゝろ』と『明暗』。

（「特集　村上春樹ロングインタビュー」『考える人』二〇一〇年夏号・新潮社）

『ねじまき鳥クロニクル』は深い井戸に降りて、それまでと次元の異なる外部に通底した時空間が現実とパラレルに現れる年代記を抱えた物語ですが、村上が漱石の三部作は好きなのに『こゝろ』を「好きになれない」理由については今は置いておきましょう。

周知の通り、この作品はもともと陸軍軍医総監森鷗外が陸軍大将乃木希典夫妻の遺体を検視した直後、当時華族制度にかかわって物議を起こした乃木の「遺言条々」に対応し、鷗外は『興津弥五右衛門の遺書』を、漱石は『行人』連載の後、『こゝろ』という総タイトルの下、短編小説『先生の遺書』を東京・大阪両朝日新聞に大正三年四月二〇日から書き始めたものが思いがけず八月一一日まで続いて長編となったため、同年九月、単行本化の際、タイトルを『こゝろ』に改め、岩波書店から「上　先生と私」、「中　両親と私」、「下　先生と遺書」の三章に分けて刊行したものでした。語っている現在の語り手を山鍵括弧で示しておくと、『行人』も短編を集合した、〈自分〉という一人称の〈語り手〉、二郎の語る長編小説ですが、当初短編小説『先生の遺書』として始まった『こゝろ』も〈私〉の手記の体裁を取った一人称の長編小説で、「先生」の妻「静」だけが「先生」の遺書を読むことを禁じられています。しかし、〈語り手〉の〈私〉はこれに反し、「静」の存命中に広く公開する形を取っているのは何故でしょうか。ここに『こゝろ』の鍵を読み解く最大の鍵があります。

Ⅰ　新しい「作品論」のために

(1)『こゝろ』という循環構造

『こゝろ』の末尾、すなわち、「下　先生の遺書」の末尾は、「私は妻には何にも知らせたくないのです。妻が己れの過去に対してもつ記憶を、なるべく純白に保存しておいてやりたいのが私の唯一の希望なのですから、私が死んだ後でも、妻が生きている以上は、あなた限りに打ち明けられた私の秘密として、すべてを腹の中にしまっておいて下さい」（下・五六）と終わって、冒頭はこの末尾に対応する次の言葉、「私はその人を常に先生と呼んでいた。だからここでもただ先生と書くだけで本名は打ち明けない。これは世間を憚かる遠慮というよりも、その方が私にとって自然だからである。私はその人の記憶を呼び起すごとに、すぐ『先生』といいたくなる。筆を執っても心持は同じ事である。よそよそしい頭文字などはとても使う気にならない」（上・一）で始まっています。両者を「下」から「上」へと注意深く比較してみてください。再読する読者に限りますが、ここには『こゝろ』という小説が始まった、そののっけから秘密・謎が仕掛けられていることが分かります。何故なら、「奥さん」の生死は〈私〉のこの執筆内容にとって、最も重要な、決定的な事柄、この〈語り〉の現在、「奥さんは今でもそれ（引用者注：「美しい恋愛の裏」にある「恐ろしい悲劇」、すなわち、「K」の自殺の秘密）を知らずにいる」（上・一二）とあり、しかも、「奥さん」の死去を示す叙述は一切ないのだから、「奥さん」は〈私〉の手記執筆中の現在、健在であることは疑えません。つまり、これは広く「世間」一般を意識し「奥さん」も目にするところで書かれているのですから、〈私〉の「先生」に対する並々ならぬ敬愛を開陳しながらも、他方、「先生」が「唯一の希望」とまで強調した秘密を暴露する決定的な裏切り、背信行為をも犯すことになります。すなわち、『こゝろ』は、その根幹に「先生」への信奉と背信という二律背反を背負っているのですが、にもかかわらず、一般にはそう読まれてはいません。それとも背信は既に克服されていると読まれているのでしょうか。それならば、「先生」への直接的なあからさまな形での批判や否定的な言辞ではなくとも、その類が語られ、それが克服された記述が必要なのではないでしょうか。「先生」のどこが、何故、どのように克服されたから、この手記が始まったのか……。しかし、それらの記述は一切ないのです。例外は、直接的ではない「よそよそしい頭文字などはとても使う気にならない」で、それを根拠の一つにして、父殺し・母との姦通というオイディプス神話を下敷きにした読み方がありますが、そうであれば、克服とは父殺し・母との姦通を経たうえでのこととなり、そのプロセスがさらに重要性をもたげてくることになります。

それではまず、『こゝろ』の作品の旧来のプロット・ストーリーの構成を捉える伝統的読み方ではなく、構造によって見てみましょう。

冒頭、〈語り手〉の〈私〉はまだ高校生だった、その当時の「私」が「先生」と呼ぶ「その人」を夏の鎌倉の海岸で偶然見掛け、心惹かれて東京の「その人」の自宅に通うというかたちで交際が始まり、帝国大学を卒業して間もなく、父親の危篤のときに「先生」の遺書をその親元で受け取り、すぐに上京するところで「上・中」は終わります。「下」は〈私〉によってそのほぼ全文「先生の遺書」が写し取られ、紹介されていますが、本稿の冒頭に述べた如く、乃木希典の実際の「遺言条々」や鷗外の『興津弥五右衛門の遺書』と対比するまでもなく、その最末尾は儀礼上の言辞や日付、差出人と受け取り手の固有名詞などが削除され、遺書の冒頭も「……」と省略されています。これら遺書の編集作業の痕跡は注意しさえすれば、我々〈読み手〉の誰にも一目瞭然、「下」は〈私〉の編集によって「上・中」に入れ子となる構造になっています。そこでこの作品内の文学空間、語る主体と語られる客体の相関の位相を今、便宜的に三つの時空間にし、その構造を捉えます。

まず出来事の時系列で［「先生」と「私」の二人の出会いから別れまでの時空間］をA、［「先生」の遺書の文章の中の時空間］をB、［これを受け取った「私」が数年後、手記執筆中の〈語り手〉となった〈私〉の時空間］をCと呼んでおきます。Bの遺書とは「先生」が自分自身の自殺の根拠を弟子の「私」に説き聞かせたもの、これを受け取って何年経ったかは明らかではありませんが、〈私〉の書いた手記の時空間がCです。CはAとBの双方の時空間のメタレベルにあります。『こゝろ』全体の物語時間は「先生」と「私」の出会いのAではなく、Bにある「先生」の従妹との結婚話を絡めた叔父による遺産横領事件から始まります。終わりは手記の〈語り手〉としてCの〈私〉が新たな次世代の精神を拓いていこうとするところですが、その終わり方、着地点が実ははっきりしません。

もう一度、見てみましょう。

「先生」と若い「私」の二人の出会いから別れまでのA、全文が遺書のB、これらを踏まえたのが

Cの〈語り〉です。ところがBの最末尾、「先生」の「秘密」を「奥さん」には見せてはいけない、「すべてを腹の中にしまっておいて下さい」と告知されているところで閉じられ、これに逆らって遺書を世間に明らかにするのがCの〈私〉ですから、Cはそれをどう受け止め、物語をどう始め、どう終わらせるかを語るべきところ、その物語の経緯と着地点が見えないまま、CはAからBの時間に吸収されて循環しています。つまり、これは循環の入れ子の構造をなしていながら、敬愛する師が課した禁止事項を弟子が破っているにもかかわらず、あたかも表層何事もなきかのように通過しているのです。

そこで、改めて事態を検討・確認するため、今日まで最も体系立った近代文学研究の方法論、三好「作品論」がこれにどう対応したかを見てみましょう。

(2) 三好「作品論」の方法論の限界

三好行雄は一九八〇年代に起こったオイディプス神話、父殺し・母との姦通を下敷きにした読み方を明確に斥ける「ワトソンは背信者か―「こころ」再説」(『文学』一九八八・五、岩波書店)を論じた後、没後に発行された『別冊國文學 夏目漱石事典』(三好行雄編、一九九〇・七、学燈社)掲載の遺稿「漱石作品事典」の『こゝろ』の項目でこう言います。

「確かに物語のレベルで、『こゝろ』の収束はついていない。遺書の受け手である青年を列車に乗せたままで終わるのは小説のモラルに反するし、東京で何が「私」を待っていたのか、遺書を読んだ青年はどう変わったのか、あるいは変わらなかったのか、[a]語り手の現在は注意ぶかく伏せられている。

だけでなく、危篤状態の父をふりすてて上京した瞬間から、「私」は無断で出発した形の母や兄との関係で、[ｂ]かれ自身のドラマを抱えこんだことになる」（傍線引用者）と二本の傍線部に「私」の運命的な背反・矛盾を示唆し、『こゝろ』が「小説のモラルに反する」と判定しながらも、傍線部ｂはａによって封殺される〈読み方〉をします。

三好は、「すべては最後の「先生の遺書」によって解かれるべき謎を伏線として提示しておくための「ワトソンの視点」による語りとして統一されている。したがって、青年のその後について、読者の無責任な想像が喚起されがちなのも、なかば小説の性格に帰することができる」とＣの存在、もしくは機能を一旦は傍線部ｂで見ながらも、その背信行為や「私」と「奥さん」との恋愛関係の可能性など最初からすべて問題外、あたかもそうした問題が当初からないかのような仕組みになっていると捉え、「読者の無責任な想像が喚起されがち」と言い、後述しますが、せっかくの適切で極めて鋭い指摘（オイディプス神話を下敷きにした読み方の批判）も自ら無効にしてしまいます。すなわち、三好作品論の方法論は、〈近代小説〉の代表とみなされている『こゝろ』をＢの遺書の謎を解く推理小説のジャンルに読み直すことで論を成立させるのです。シャーロック・ホームズが「先生」の遺書の謎を読み解くための手立てとして「ワトソンの視点」をＣとして用意したとし、そのため「奥さん」は「すでに死んでいる」と無理に見立て、「先生」と弟子の対立、背信・裏切りをすべて消去させ、物語の骨格を消失させる結果に陥ったのです。つまり、それはＢをＡの伏線の謎を解く根拠とし、Ｃを敢えて等閑に付すことで新聞発行掲載順に読む〈読み方〉にしているのです。それによって〈近代小説〉を多次元構造ではなく、時系列に従ったストーリーの構成、プロットで読んでいます。こうして『こゝろ』を謂わば主客相関の二元の実体論に立って、はじめ・中・終わりと時間の流れにそって読み解きます[註]。客体の対象世界は主体の捉えた領域に過ぎず、客体の対象の世界そのもの、、、は捉えられない〈第三項〉であり、主体には永遠に現れないと考えています。〈読み手〉は自己の主体に応じた文脈・コンテクストの一回性として現象させたものを主体自身が分析の対象として捉え直していると考えるのです。〈近代小説〉である『こゝろ』も時系列で捉えて読む読み方及びジュネットらのナラトロジー（＝物語論）の時代から、認識対象を主体によって前述の如く構造化して捉えるのみならず、対象そのもの、、、は永劫の沈黙、了解不能の《他者》であるという世界観認識の転換を必要としていると考えます。

(3) 「奥さん」と「私」の愛する相手

ここでオイディプス神話を下敷きにした父殺し・母との姦通の図式に少し触れておきます。それは「先生」自身結婚した「先生」の家では死んだ親友のことを話題にするのがタブーでした。それは「先生」自身が親友の自殺の罪を抱えていたからばかりではありません。「奥さん」にも罪があると「先生」が考え、それを知らせないようにしていたからであり、そんな夫の考えを「奥さん」はもちろん知りません。「奥さん」は「先生」の親友「K」の自殺が自分に関係しているとは露知らず、家に出入りする大学生の青年「私」に相談します。

「先生」の生前、「私」が「先生」から留守を頼まれ、「奥さん」の悩みを聞かされたとき、「私」はこう語っています。「奥さんは私の頭脳に訴える代りに、私の心臓(ハート)を動かし始めた。自分と夫の間には何の蟠まりもない、またないはずであるのに、やはり何かある。それだのに眼を開けて見極めようとすると、やはり何にもない。奥さんの苦にする要点はここにあった」（上・一九）と捉え、「それで二人は同じ問題をいつまでも話し合った。けれども私はもともと事の大根を攫んでいなかった」（上・二〇）。これは「奥さん」と「私」が「先生」とは何者かを探らんと興味関心を向け、語り合っていくにもかかわらず、二人共「K」にかかわる秘密を知らないため、肝心なところで壁にぶつかっていることを言っています。「奥さん」が「私」の心臓を動かすのは彼女の思いがひたすら「先生」に向かっているからであり、「私」の愛情の対象はここでは「奥さん」を媒体にして「先生」なのですが、「奥さん」の悩みの事情・理由がそのときまで、「私」には分かっていませんでしたので、話は終わりません。「先生」が一〇時ごろに帰宅すると、「奥さん」は「急に今までのすべてを忘れたように、前に坐っている私をそっちのけにして立ち上」がります。

> 今までの奥さんの訴えは感傷を玩ぶためにとくに私を相手に拵えた、徒らな女性の遊戯と取れない事もなかった。もっともその時の私には奥さんをそれほど批評的に見る気は起らなかった。私は奥さんの態度の急に輝いて来たのを見て、むしろ安心した。これならばそう心配する必要もなかったんだと考え直した。（中略）私はその晩の事を記憶のうちから抽き抜いてここへ詳しく書いた。これは書くだけの必要があるから書いたのだが、実をいうと、奥さんに菓子を貰って帰るときの気分では、それほど当夜の会話を重く見ていなかった。（中略）必竟この菓子を私にくれた二人の男女は、幸福な一対として世の中に存在しているのだと自覚しつつ味わった（上・二〇、傍点引用者）。

今、手記の書き手である〈私〉は批評的に「奥さん」を見ています。何故なら、この「奥さん」の態度が後で知る「K」と「先生」の、二人の自殺に無縁ではなかったからであり、さらに後述する決定的な意味を持っていたからです。すなわち、「奥さん」と「私」、二人が共にひたすら愛しているのはお互いではなく、「先生」なのです。もし二人が互いをエロスの対象としているのなら、それ自体が大問題ですから、Cはそれを主題とする叙述を抱え込まざるを得なくなります。「先生」と「奥さん」と「私」の三角関係の構図は『こゝろ』にはありません。あるとすれば……、これも後にしましょう。Cの叙述は何が問題か、次に考えてみましょう。

〈私〉は何故「先生」の「唯一の希望」を裏切るのか、その結論を先に言えば、「先生」の識閾下、その内奥の要請を読み取って「先生」に応えなければならないと確信しているからこそ「奥さん」の生存中にもかかわらず、ではなく、その逆、生存中だからこそ「先生」の「唯一の希望」に反する遺書の公開に踏み切るのです。そこには「私」が家族両親及び故郷を裏切る、流血の内奥の劇を経ています。それに合わせ鏡となるのが、「私」自身の、結婚して家庭を持ち、子供をもうける情況であり、特に両親に何を自分がしたか、「私」は否応なく自らを省み、自身の罪業と向き合わざるを得ない日々にあったのです。「先生」の生前と死後とでは「私」は謂わば、別人格と言えるほどの変革を強いられ、それが「先生」自身の見えない闇、識閾下へと「私」の心の井戸を掘り進めさせ、「先生」の総体がかかったような「唯一の希望」に逆らうのです。

Ⅱ　『心』の〈読み〉

(1)　背信と信奉のギャップ・ジレンマ克服は可能か

さて、『こゝろ』はどう読まれたらよかったのか、本稿の「Ⅰ　新しい「作品論」のために」で引用した遺書の結末と手記の冒頭との対比に戻りましょう。

冒頭、この〈語り手〉は、引用文全体で「先生」へのゆるぎない敬愛の念を表明し、頭文字でもなく、ただ「先生」とだけ呼んでいたのは正真正銘、「その方が私にとって自然だから」であり、これを語るところから手記が始まりますが、では何故それほど「先生」を「私」は尊敬し、愛するかについては「先生」と交際している間は、「肉のなかに先生の力が喰い込んでいるといっても、血のなかに先生の命が流れているといっても、その時の私には少しも誇張でないように思われた」（上・二三）と異様なほどの生々しい実感を語るに留まっていたのに対し、今現在、その想いは「私はなぜ先生に対してだけこんな心持が起るのか解らなかった。それが先生の亡くなった今日になって、始めて解って来た」（上・四）と、「先生」だけに心惹かれ、愛するその根拠が解明できています。因みに、「だけ」に注目すれば、「私」と「先生」の「奥さん」をめぐる恋愛の三角関係などと読む読み方は論外です。この二つの引用文の違いが注目すべきところ、〈語り手〉の現在の〈私〉は「先生」の血と命が自分に流れる根拠、その秘密を了解し、それが今、この手記を公開させているはずです。大学を卒業したばかりの「私」にとって「先生」の自殺は恐らく筆舌に尽くしがたい文字通り驚天動地、我を失うがゆえに危篤の父を見放し、「そりゃ解り切った話だね。今にもむずかしいという大病人を放ちらかしておいて、誰が勝手に東京へなんか行けるものかね」（中・一二）と言っていた母を突き落とすことになっています。「先生」の死という事実はもちろん、意識の上層では確実に疑うべくもない現実なのですが、この衝撃のまま読んだ当初のレベルから、歳月を経、自身の境遇も変わってみて、「先生」の識閾下の遺書の深層のメッセージを読み取れるまでに成熟したことは、若かった「私」を手記の書き手の〈私〉にまで変貌させたのでした。しかし、この変貌がいかなるものであるかは直接には描写されていません。何故書かれていないのか、先にその結論を言えば、それを書けば、「先生」の物語ではなく〈私〉自身の物語となるからです。あえて意図的、意識的にそこを空白化させているのです。これが実は、『こゝろ』という小説が今日まで、国民小説でありながら、一部では分かりにくいと批判されてきた理由です。

思うに、遺書の「唯一の希望」に背信行為をなしながら且つ信奉するという物語の矛盾する根幹が分からないことが分からないまま、『こゝろ』は膨大な分析・解釈・批評が展開されてきました。それはこれまでの〈近代文学研究〉の方法論及びその原理論が『こゝろ』を前述のAからBに向かう、「先生」のモノローグの分析・解釈・批評に終始させたのでした。これは「はじめに」で述べたように、もともと総タイトル『こゝろ』の中の短編の一つでした。〈私〉の物語・歴史を書かず、『先生の遺書』を書くべく始められたのです。「明治の精神」に殉じる「先生」の物語を語ることによって乃木や鷗外に向き合い、時代の精神を相対化する本格的な文学世界を切り拓くべく始められた短編は当初の構想より長くなり、短編は長編に変じ、結果、続編、未亡人になった「奥さん」の物語と若い

「私」から大人になった〈私〉の物語は書かれないまま終わったと推測されます。それでは『こゝろ』は失敗作なのでしょうか。

(2)「先生」は大罪を引き受ける

さて、話を戻しましょう。

「先生」の青年時代、誰もと言えば言い過ぎですが、自身の真実、人を恋い慕い、愛する欲求・欲望をかなえようとする時代でした。「先生」の場合は性欲を満たすのではない、精神的価値の高さ、「信仰に近い愛」に昇華させ成就していくロマンティックラブに向かうものがこれでした。世は明治二五年二月『女学雑誌』に、人世があって恋愛があるのではない、恋愛があって人の世、人世があるとする恋愛の先験的価値・意義とその挫折をキリスト教に基づく「静愛」というイデアによって時代に先駆けて克服せしめた天才、北村透谷の『厭世詩家と女性』の恋愛論（拙稿「「意匠」の克服―『厭世詩家と女性』を読んで」を参照、『国文学解釈と鑑賞別冊』二〇〇六・三、至文堂）の圧倒的影響の下、この『こゝろ』では恋愛と罪悪の相関、愛する尊さ＝「神聖」さが即「罪悪」を生む、「自由と独立と己れとに充ちた現代に生れた我々は、その犠牲としてみんなこの淋しみを味わ」（上・一四）わざるを得ない必然の力学、メカニズムが説かれています。それを「先生」は「私」と出会った当初から語りますが、「奥さん」には伝えませんでした。

かつての「お嬢さん」は生身の一人の女性としてごく自然に振舞う「無意識（アンコンシャス）の偽善者（ヒポクリット）」（『三四郎』）であったのです。その美しい姿それ自体がことさらエロスの対象となって、親友の欲望をもそそり、心を奪い、自殺という悲劇を生み出していたのでした。「先生」は妻が醸し出した無意識の罪を自らが引き受け、逆に「神聖」で高貴なマドンナとして「信仰に近い愛」(下・一四)を捧げ尽くす道を選びます。「お嬢さん」の罪業は最期の最期まで現在の「奥さん」に一切伝えないだけでなく、「私」から「奥さん」に伝わることを「先生」は永久に禁じます。「奥さん」がそれを知れば、「奥さん」の苦悶が起こり、その内面=心を汚し、損なわれると「先生」は考えたからです。「先生」の愛は奪い奪われる恋愛を拒否して、一人自分だけが相手の罪業を引き受ける、捧げる愛、聖化された愛です。「先生」の愛は透谷の「静愛」のイデアに近く、相違は相手との相関にアプリオリに罪を抱えていると考えることにあります。

「先生」とは何者か、父の信頼しきっていた叔父に金のことで欺かれ、叔父を蔑視していた「先生」は今度は、恋愛で自分自身が親友を欺いていたことを思い知らされました。結婚後、「先生」は何の職業にも就かずに遺産の金利で暮らせたのですが、その日々は、「妻と顔を合せているうちに、卒然Kに脅かされ」る罪業と孤独の「牢屋」(下・五五)の中の日々、罪業の観念の牢獄に捕囚されていたのでした。しかし、これは単に「先生」個人が偶発的に犯した罪悪のみならず、「自由と独立と己れとに充ちた」この明治の代では誰しもが持たざるを得ない、人間本来が持つ「人間の罪」(下・五四)であり、それを自覚する「先生」は単なる優しさではなく、罪を抱えた者の優しさ、妻の母親に対しても妻に対してもことさら意図的、意識的に優しく対応しているのです。毎月の墓参りは「先生」一人、死んだ親友「K」と向き合って話し合い、己れとは何者かを考え続けていたのです。その間、死んだ親友と「先生」は語り続け、「先生」にとっての「K」は「先生」と共に変容します。親友が自殺したのも人間本来の、生きることそれ自体のもたらす罪による「淋しみ」であることに思い当たるのです。

自分が犯した罪を詫びれば、妻は喜んでそれを許し、二人が幸せに暮らすことができることは「先生」にはよく分かっていました。それを「先生」がしないのは、妻に対する「信仰に近い愛」のために大いなる罪を引き受けなければならないからです。二人が幸福に暮らすことは、結局は親友を犠牲にしてしまうこと、そこに落ち着くのは自己弁護を齎(もたら)す欺瞞であり、これを許さない倫理観がそうさせるのです。そうではなく、「奥さん」を罪なき聖なる信仰の対象にし、同時に図らずも自分が死に追いやった亡き親友へ謝罪し、それによって妻への愛と友情双方の倫理を生きようとするのです。繰り返しますが、死んだ「先生」には親友が、生きていたときよりいっそう生々しく生き、恋愛と友情の「神聖」と「罪悪」の双方に自らの一死を以て対処し、自身のアイデンティティを貫徹させるのです。今生きている妻も先に死んだ友も、共に「先生」の中で生ある対象として生きている、その双方に「先生」は《心》を込めて真正面に向き合っているのです。通常、小説『こゝろ』は「お嬢さん」をめぐる「先生」と「K」の三角関係で読まれるわけですが、「奥さん」からすれば、自身の罪を意識し、自覚することはできないのですが、結婚後の若くなくなったときの「先生」をめぐって見えない、死んだ「K」との三角関係に悩んでいたのです。見えない、死んだ人間が生き生きと生きている分、《心》は厄介です。

そこにたまたま明治天皇に殉死する乃木希典の殉死事件が発生、先生はこれに呼応する形を演出します。幕藩体制から天皇を主権とする明治という新時代になって「先生」の人生に対する捉え方・生き方も新時代の賜物である「自由と独立と己れ」に生きる時代にしたがって必然的に罪を生じさせ、その光と影の相関を「淋しみ」と呼んで、自決の所以のすべてを「明治の精神」に封じ込めるのでした。

(3) カルネアデスの板・《他者》との対峙

「先生」は恋愛の神聖さと罪悪の葛藤を克服できず、「明治の精神」（下・五五）への殉死を選び、「奥さん」の過去の記憶を「なるべく純白に保存しておいてやりたい」（下・五六）ために、「奥さん」にはこれを秘密にするよう命じたうえで、弟子に自身の命を吹き込もうとします。「先生」はこの遺書の叙述に己れの命の限りを尽くし、弟子の愛に応えます。「先生」は、「あなたが無遠慮に私の腹の中から、或る生きたものを捕まえようという決心を見せたからです。私の心臓を立ち割って、温かく流れる血潮を啜ろうとしたから」（下・二）だと告白しています。と同時に、殉死の根拠を「乃木さんの死んだ理由がよく解らないようにあなたにも私の自殺する訳が明らかに呑み込めないかも知れませんが、もしそうだとすると、それは時勢の推移から来る人間の相違だから仕方がありません。あるいは、箇人のもって生れた性格の相違といった方が確かかも知れません。私は私のできる限りこの不可思議な私というものを、あなたに解らせるように、今までの叙述で己れを尽したつもりです」（下・五六、傍点引用者）と認識の境界領域を明かします。

「先生」は自身の〈語り〉が謂わば、物語の闇（＝深層）、自身の内奥を抱えていることを自覚し、「この不可思議」を抱え、明治天皇崩御の後に生き残るのは「必竟時勢遅れ」（下・五五）として自らの時代に完結させ、若い弟子の「私」と自分の時代を切断するのです。それは「明治の精神」が明治維新以後に新たに獲得された歴史上の産物、そのまなざしがいっそう明治という当代に一体感を持たせると共に、次の時代に移行すべきことと感じさせていたからだと思われます。「先生」の若い青年の「私」に命を吹き込もうとする想いは次世代の〈他者〉を抱え込む自覚としてあるのです。バトンはそのままタッチされない、自身の限界を見つめながら、遺書は送られる、それもカルネアデスの板という非日常、日常の虚偽を転倒させる装置を介して……ここが肝心です。

＊　＊

「先生」の遺書は「私」の父の危篤のとき、「私」が上京できないところに送られました。「先生」はそう仕掛けます。まさしくそれは絶妙のタイミング、図らずも、「先生」から言われていた、「とにかく恋は罪悪ですよ、よござんすか。そうして神聖なものですよ」（上・一三）というダブルメッセージが改めて浮上し、「先生」へのひたむきな敬愛の念は自分の両親、故郷の風景までも含めた背信との引き換えだったのです。なかんずく、「今にもむずかしいという大病人を放ちらかしておいて、誰が勝手に東京へなんか行けるものかね」（中・一一）と言っていた母を見捨てる裏切りを犯していたのです。「先生」が「K」を裏切っていたように、です。「私」は死んだ父と生きている母親への罪障感を共に背負って生きるしかなく、恋愛が罪悪と共にあることと根底的に同じ、カルネアデスの板とはこのこと、どちらかを犠牲にするしかない究極の選択が日常の現実にある主体を許さない、これがそれまでの「私」の世界観認識を転倒させます。因みに、恋愛と友情の相克を超えようとしたのは武者小路実篤の『友情』ではなく、志賀直哉の『范の犯罪』です。日常を肯定してその中で選択するのではありません。一旦日常の現実をすべて斥け、否定したうえで、全く新たに現れた現実を選ぶ、すなわち、生と死を等価とする世界観、ここが〈近代小説〉の極意であり、それは日常のメタレベル、多次元空間を拓くことです。近代文学史の批評のジャンルはこれが今日まで見えないのです（拙稿「近代小説の一極北—志賀直哉『城の崎にて』の深層批評」を参照、『文学が教育にできること—「読むこと」の秘鑰（ひやく）—』所収、二〇一二・三、教育出版）。遺書を受け取った「私」は、「先生」の禁止に対し、一旦これを受容しつつ背くことこそ真の信奉に向かう逆説の扉が開くと、自身の両親を裏切ることで知るのです。カルネアデスの板の上でしか「明治の精神」の後の扉は開かないと知ります。それは遺書の編集を施すに留まらない、遺書に虚構化をしてこれを改変せしめることで禁止事項を超克することです。

『こゝろ』を読むには、我々がまだ登ったことのない絶壁の山や渡ったことのない、橋のない川を渡ることで、〈近代小説〉としての可能性が拓きます。次の章では〈私〉の手記とはいかなるものか、これを直接考えましょう。

Ⅲ　「静」の「罪悪」を超え、「よそよそしい頭文字」を仕掛ける

「先生」の認（したた）める遺書の内容は、唯一の例外を除いて多くの人に開かれているものでありました。しかし、直接的には「私」以外これを読む惧（おそ）れはありません。「先生」は自分で本名を名乗り、腹蔵なく、自身の内奥の秘密を抉り、語り、「私」に後を託したのです。ならば、「先生」が特に言い慣れ

た親友の名を「私」に意識的に隠し、「K」と頭文字にする必要はありません。匿名にする必要は「先生」ではなく手記を公表する〈私〉にあり、特に現在、健在である「奥さん」のプライバシーを守り、しかも、「奥さん」にこの手記公開の意図が伝わらなければなりません。何よりも「奥さん」の名前、死んだ親友、「先生」、「私」、それぞれの名前を伏せることが必須でした。

「奥さん」の名前、「静」が乃木大将と共に殉死した妻の名前でもあることはよく知られています。「奥さん」の名前が「静」なのは〈私〉の虚構、「奥さん」のプライバシーを守り、乃木とその妻の名前を喚起させる方便、〈仕掛け〉です。

陸軍大佐塚田清市編『乃木大将事蹟』(一九一六・四、非売品)によると、乃木希典の十か条の「遺言条々」には死の前日の九月一二日付、「湯地定基殿／大舘集作殿／玉木正之殿／静子との」と四名の宛名があり、前日まで乃木は一人で死ぬはずでした。乃木の遺書の件はスクープされ新聞に報道され、社会的な事件、「静」という名は、当時の国民にとって特別な名前であって、特に「新しい女」と呼ばれた女性たちには乃木夫妻の死に方は看過できなかったはずですが、〈私〉はそれを素知らぬ顔でやり過ごしたふりをして、この問題に本格的に取り組んでいるのです。もう一つ、乃木の殉死は三代将軍家光の異母弟会津藩祖保科正之の殉死禁止令の反措定でありました。実在する明治天皇の人格に対しての絶対的ロイヤリティーを示し、プレ「明治の精神」では済まぬ、幕藩体制下にさえ保守されてきた殉死禁止に対し、プレ保科と言わざるを得ない壮絶なアナクロニズムの魂を見せた乃木は妻との一体性を図り、妻を道連れにする異例の殉死を死の当日に選びます。これに対し、「先生」は妻の「奥さん」とは完全な別人格、乃木のそれとは逆に妻に完璧に一切知らせず、彼女を宗教的崇拝の対象、マドンナとして自分だけが「明治の精神」という哲学的理念、抽象的観念に殉死します。〈私〉は手記の中でこの「静」の名を借り、「奥さん」をこの名で呼ぶことによって、乃木と「先生」の両者の相違を鮮やかに対比・対照させるトリックを施し、互いを逆照射させます。一方は妻の人格を無視、他方は妻を独立した人格として尊重し、ロマンティックラブの信仰の対象とし、妻に生じた罪は自らが一人引き受けて密かに死ぬ、両者の妻に対する夫の対応の違いがより鮮やかに際立ち、これを〈読み手〉に、すなわち、「奥さん」なるものに〈私〉が送ります。それが「先生」の内奥、遺書の深層のメッセージを受け止めた〈私〉の仕事なのです。「先生」の「奥さん」への愛がどれほど深くとも、残された未亡人の「奥さん」は今、孤独地獄に苛まれていると「私」が捉えているはずだからです。〈私〉の手記は「奥さん」に代表されるポスト「明治の精神」を拓く世代に送られています。「奥さん」の存在、生死が重要であり、もし「奥さん」に秘密のエロスの欲望を持つなら、〈私〉はそれ自体に本気で取り組まざるを得ない、集中して考えざるを得ないことだと言っておきます。

本稿の結論です。

何故〈私〉は「先生」が書いてもいない頭文字をわざわざ使い、冒頭「よそよそしい頭文字」などと、それこそ「先生」への「よそよそしい」おためごかしの批判に通じる言い方をして見せる必要があったのでしょうか。それは〈私〉がなお「先生」に隠れていた心の盲点を指摘し、これを超克しようとしたからにほかなりません。

親友自殺の夜、「私は枕元から吹き込む寒い風でふと眼を覚ましたのです。見ると、いつも立て切ってあるKと私の室との仕切の襖が、この間の晩と同じくらい開いています。けれどもこの間のように、Kの黒い姿はそこには立っていません」（下・四八）。開けた襖のその後、次の言葉を交わし合ったなら、もう一歩相手の部屋に踏み込んで語り合い、心を開き合っていたら、親友の自殺はなかったはずです。このことは「先生」と「奥さん」との間でも同様、「先生」は秘密を語らず、結果としては「よそよそし」さを愛の証としている、これこそ「先生」の「明治の精神」の陰に隠れていた急所、〈私〉が打倒し、超えんとする対象であったのです。

「先生」の内面には、親友と妻それぞれと深くかかわっていたかに見え、肝心要のところで踏み込めない距離、「よそよそし」さ、隔たりがあり、それが「先生」に自決を選ばせた落とし穴、陥穽だったのです。そのため、〈私〉はこれこそ憎むべき、克服すべき対象として虚構化して発表、奥さんの目に触れさせ、「先生」を批判して見せたのです。

「先生」は生死を分かつ肝心の所、踏み込んで体温の通う所で、心を開き合う、この平凡で当たり前のことができていなかった、この「よそよそし」さを打倒、打破することが新時代の扉を開くのです。それが妻を道連れにした乃木大将の死に方と対極だった「先生」の死に方を克服させるのです。

「先生」は「私」のことを「あなたが無遠慮に私の腹の中から、或る生きたものを捕まえようという決心を見せたからです。私の心臓を立ち割って、温かく流れる血潮を啜ろうとしたから」（下・二）と遺書に書いていますが、実はこの「無遠慮」さにこそ、「先生」を「淋しみ」から救い出す可能性があったはずで、「K」や「奥さん」には決定的に欠けていたものでした。さらに言えば「先生」にも欠けていたために「K」を自殺に追いやり、「奥さん」を孤独地獄のままに残すことになりました。〈私〉は「先生」の遺書との格闘の末にそこに辿り着いたからこそ、「先生」の禁止事項を破り、この

〈手記〉を書き、「先生」の魂を救おうとするのです。
〈私〉とは、「先生」の教えの深層を捉えた結果、「先生」の「唯一の希望」を裏切り、「先生」自身が自らを「明治の精神」に殉じることで葬ったその精神の形の盲点、人格の扉を拓き、体温を交わし合うことで、「よそよそし」さを超えて生きる道を見出した確信犯だったのです。「先生」の「奥さん」への「信仰に近い」、「先生」の尊い恋愛はアイロニカルな悲劇、「明治の精神」の一つの帰結でしかなかったのですが、これを超えることこそ、「先生」の真意に適う「先生」の真の希望、「他の参考に供する」ことだと「私」は確信し、「先生」の物語を語り始めます。

手記を読んで最も衝撃も受けるのは恐らく「静」であろうし、ならば当初の短編の続編として『細君の手記』が漱石の意識及び識閾下には用意されていたのではないでしょうか。「先生」は「明治の精神」に殉じる形で自決し、「神聖」にして「罪悪」である自身の恋愛の行方に決着をつけたのですが、一人残された「静」は夫の自殺の理由を〈私〉の手記を読んでようやく知らされ、多年の鬱屈と向き合うことになるでしょう。『細君の手記』が「静」によってもし書かれるとすれば、偶像化され愛される喜びと痛みを確認することが綴られ、何より自らが愛し、愛される主体足り得ていなかったことをどんなにか後悔しているかが語られるのではないでしょうか。しかし、少なくともそれまで訳も分からず突然自殺され、我が身を苛む孤独の日々から、夫と心の対話をなすことはできる、それが彼女に生きる力を与え、語ることを可能にするように思います。ならば、もはや若くない〈私〉は、現実を鋭く「批評的に見る」（上・二〇）「奥さん」のまなざしに対し、今度は憚らず自分自身の物語を語ることになり、「明治の精神」を切り拓くポスト「明治の精神」を否も応もなく、露わにさせることになるはずです。

おわりに

周知の通り、刊行当初の『こゝろ』の広告文には「自己の心を捕へんと欲する人々に、人間の心を捕へ得たる此作物を奨む」とあります。作中の手記の〈語り手〉〈私〉は自身の物語を己れの手記には書かないまま空白にしていますが、「先生」の心は捕え得たと思って手記を書き始めたと思われます。唐突ですが、本稿冒頭の問題、村上春樹が『こゝろ』を「どうしても好きになれない」というのは、「先生」の禁止というテーゼを克服するところから始めながら、その〈私〉の物語が空白になっている点にあると推測しています。村上文学の物語は語られた出来事に対して〈語り手〉の「僕」の物語が語られ続けているからです。『先生の遺書』の続編『細君の手記』や『弟子の手記』は幻に終わり、〈私〉の物語は漱石によって書かれることはありませんでしたが、『こゝろ』の後に書かれた『道草』には、漱石自身の自伝的物語が詳しく描かれることになります。

「明治の精神」のもたらした罪を引き受けた「先生」の盲点、「よそよそし」さの陥穽に、漱石自身は気づいていました。その証左は『三四郎』以下の三部作、本格的な〈近代小説〉を書く前月に発表された『夢十夜』の「第一夜」の末尾に次のように現れています。「自分は首を前へ出して冷たい露の滴る白い花弁に接吻した。自分が百合から顔を離す拍子に思わず、遠い空を見たら、暁の星がたった一つ瞬いていた。「百年はもう来ていたんだな」とこの時始めて気がついた」。「白い花弁」の百合の花に見立てられた「女」はその死ぬ直前、「自分」に百年待てと命じ、それに「自分」は応じ、死んだ「女」は生きて「自分」に逢いに来ます。二人の口づけ、その体温が「よそよそし」さを踏み越えさせ、生死を超えて「百年」を招来させたのです。（拙稿「〈近代小説〉の〈読み〉の革命―『夢十夜』「第一夜」を例に―」『世界文学』126号、二〇一七・一二、世界文学会参照）。

親友と妻とに等価に想いを尽くす「先生」の世界の盲点の克服は、漱石の意識とその識閾下にポスト「明治」として内在していたのです。

註　田中実「〈近代小説〉の神髄は不条理、概念としての〈第三項〉がこれを拓く―鷗外初期三部作を例にして―」『日本文学』第67巻8号、二〇一八・八、日本文学協会を参照。

付記　作品の引用は青空文庫による。

教材研究

「こころ」の教材研究

須貝千里

Ⅰ　学習課題として

⑴　「読むこと」（どのようなことが語られているのか―構成・出来事・語り手と登場人物）

「構成」は「上　先生と私」、「中　両親と私」、「下　先生の遺書」です。

「出来事」については、時系列にしたがって、次のような問いと共に把握することができます。

1　学生時代の「先生」が「叔父」に財産を騙された事件とはどのようなものだったのか。そして、当時の「先生」はその出来事にどのように対処したのか。（下）

2　学生時代の「先生」と自殺した「K」との間の出来事とはどのようなものだったのか。（下）

3　学生だった「私」と「先生」との出会いと交流とはどのようなものだったのか。（上・中）

4　「先生」の「奥さん」への願いと「奥さん」の「先生」への願いとはどのようなものだったのか。（下・上）

5　父親の病気のために帰省中だった「私」の、「先生」の遺書を受け取ったときの選択とその後はどのようなものだったのか。（中・上）

6　「先生」の死から数年後、信奉していた「先生」の願いに反する形で「私」が、遺書を引用して手記を書こうとした動機とは何か（そのことを自殺した「先生」の側から、「奥さん」の側から向き合おうとすると、それぞれどのような課題が浮かび上がってくるのか）。（省筆）

「〈語り手〉と登場人物」については、「上」「中」の〈語り手〉は「私」、視点人物も「私」です。「上」の登場人物は「（まだ学生であった）私」、「先生」、「先生の奥さん（の静）」、「（私の）父」、「（私の）母」などです。「中」の登場人物は「（大学を卒業したての）私」、「（私の）父」、「（私の）母」、「（私の）伯父」、「（私の）兄」、「（私の）妹の夫」、「医者」などです。「下」の〈語り手〉は「先生」、視点人物も「先生」です。「下」の登場人物は「（学生時代の）先生」、「（遺書を書いている）先生」、「（先生の）父」、「（先生の）母」、「叔父（父の弟）」、「従妹（叔父の娘）」、「医者」、「奥さん（お嬢さんの母）」、「お嬢さん（先生の奥さん、妻）」、「K」、「（Kの）父と兄」などです。全体の〈語り手〉、手記の〈書き手〉は「私」です。「先生」の遺書は「私」によって改稿され、虚構化されています。改稿されていることは「遺書」の冒頭に「……」が付され、結末に「日付」「差出人の名前」「受取人の名前」がないことによって分かります。

(2)「読み直すこと」(どのように語られているのか／なぜそのように語られているのか)

「こころ」は、「上」「中」で〈聴き手〉、そして読者に喚起された「先生」をめぐるナゾが「下」で解かれていく作品であるとするならば、〈近代小説〉ではなく〈近代の物語文学〉ということになってしまいます。しかし、出来事の「6」にかかわることは直接書かれていません。この時空間における〈語り手〉＝「手記」の書き手の「私」の思索内容がどのようなものであったのかは、〈聴き手〉、そして読者によって問われ、補われることによって浮上して来るのです。すると、「こころ」という作品の循環構造が現れてきます。

このことが「こころ」における〈近代小説〉の問題を拓いていくことになります。

1 作品「こころ」の冒頭と結末を比べてみて、どのようなナゾが浮かび上がって来るのか

遺書の結末は「私は私の過去を善悪ともに他の参考に供するつもりです。しかし妻だけはたった一人の例外だと承知して下さい。私は妻には何にも知らせたくないのです。妻が己れの過去に対しても つ記憶を、なるべく純白に保存しておいてやりたいのが私の唯一の希望なのですから、私が死んだ後でも、妻が生きている以上は、あなた限りに打ち明けられた私の秘密として、すべてを腹の中にしまっておいて下さい」(下・五六)となっています。手記の冒頭は「私はその人を常に先生と呼んでいた。だからここでもただ先生と書くだけで本名は打ち明けない。これは世間を憚かる遠慮というよりも、その方が私にとって自然だからである。私はその人の記憶を呼び起すごとに、すぐ『先生』といいたくなる。筆を執っても心持は同じ事である。よそよそしい頭文字などはとても使う気にならな

い」（上・一）となっています。二つの箇所を照応させると、誰にでも分かる矛盾（ナゾ）が浮かび上がってきます。それは、「先生」は自らの遺書に「あなた限りに打ち明けられた私の秘密として、すべてを腹の中にしまっておいて下さい」と記しているにもかかわらず、「私」が遺書を引用して手記を書いていることです。手記は人々に読まれることを願って執筆されています。

①「先生」への「私」の信奉と背信のなぜ

大学を卒業したばかりの若い「私」は、故郷で遺書を受け取り、「先生」のもとに駆けつけました。後年、何年経ったかは書かれていないので分かりませんが、「私」は「先生」の遺書の結末を作品の冒頭に接続させ、全体が循環する仕組みとなっている手記を執筆したのです。この手記を執筆している現在、「奥さんは今でもそれ（「先生」の秘密―引用者）を知らず」（上・一二）におり、しかも、「今でも」ですから、現在も健在であることが分かります。「私」の、「先生」をただ「先生」と書くのは「世間を憚かる遠慮というよりも、その方が私にとって自然だからである」（上・一）という表現から、これが「先生」への敬愛を示すと同時に、世間を意識しての執筆であるということが分かります。手記は読まれることを願って執筆されていますので、このことは、「先生」の「唯一の希望」（下・五六）に反した裏切り行為であり、「私」は背信者となってしまいます。にもかかわらず、「私」は先生の遺書を引用した手記を執筆したのです。このことは〈語り手〉、手記の〈書き手〉である「私」の行為に対する〈聴き手〉、そして読者のナゾになっています。

② 信奉と背信のジレンマを克服して？ 手記を書く「私」

「私」は父の看病のために帰省しているときに「先生」から遺書を受け取りました。すると、父を看取ることを放棄し、誰にも相談することなく、すぐに上京してしまいました。上京した「私」は「先生」の遺体に対面し、「奥さん」と葬式を済ませたのでしょうが、「奥さん」に遺書の内容を打ち明けることはできず、一人で遺書の文言との壮絶な格闘を強いられることになったはずです。それから「先生」の遺書を含んだ手記を執筆するまで、「私」は「先生」に対する信奉と背信のジレンマに直面し続けていたはずです。

③「先生」の「物語空間」と「私」の「物語空間」の対応の中で

「私」によって手記が書かれたのは、「こころ」という小説が発表された大正三年を一つの目安とすることができますが、定かではありません。しかし、「子供を持った事のないその時の私は、子供をただ蒼蝿いもののように考えていた」（上・八）とありますから、「私」はすでに結婚し、子供もいるということが分かります。結婚式には故郷の家族は誰も来なかったでしょう。故郷の家族との縁は全く絶たれてしまっていたでしょう。「私」の裏切りは、「先生」の、「叔父」に裏切られ、親の財産を騙し取られ、にもかかわらず、「K」を裏切り、自殺に追い込んでしまった過去に通じていきます。このように「私」は振り返っていたでしょう。「私」は生活の苦労にも直面していたでしょうから、「先生」の裏切りにかかわる過去はますます我がこととして受け止められていたはずです。「とにかく恋は罪悪ですよ、よござんすか。そうして神聖なものですよ」（上・一三）、「自由と独立と己れとに充ちた現代に生れた我々は、その犠牲として」、「淋しみを味わわなくてはならないでしょう」（上・一四）、「鋳型に入れたような悪人は世の中にあるはずがありませんよ。平生はみんな善人なんです」、「それが、いざという間際に、急に悪人に変るんだから恐ろしいのです。だから油断ができないんです」（上・一八）などと、かつて「先生」が「私」に言ったことが、現在の「私」には我がこととして思い起こされていたはずです。自殺した「先生」こそ「私」の「先生」と呼ぶことがふさわしい人であることを再確認させられていたはずです。

このように「物語空間」を補填していく作業が、〈聴き手〉、そして読者に要請されています。もちろん、これだけでは「私」の信奉と背信のジレンマの克服の問題に答えたことにはなりません。しかし、社会人となっている「私」が「先生」の問題を自らの問題として受け止めるようになっている、このことを手記執筆の動機として把握することはできるでしょう。

2 「よそよそしい頭文字などはとても使う気にならない」と「K」という表記に隠されているナゾは何なのか

手記の冒頭には、もう一つ、ナゾがあります。それは、「私」は手記の冒頭で、「よそよそしい頭文字などはとても使う気にならない」（上・一）と記しているのですが、遺書において、「先生」は自殺した親友を「私はその友達の名をここにKと呼んでおきます」（下・一九）と頭文字の「K」を使用しているということです。「先生」の死んだ友人に対するプライバシーの配慮と考えられがちですが、遺書は公開されることを前提にしていないのですから、人物名が固有名詞で書かれていても何ら問題はなかったはずです。確かに、遺書には固有名詞で登場する人は一人もいません。これは先生の細心の配慮であると捉えることができますが、「K」が実名でも差し障りはなかったはずです。にもかかわらず、「K」という「よそよそしい頭文字」が使われているのです。とすると、「K」という表記を選択したのが、「先生」であるというのはおかしいということになります。頭文字の「K」を使用する動機のある人物は、「先生」ではなく「私」であるということになるのではないでしょうか。手記の冒頭に、「私」は「よそよそしい頭文字などはとても使う気にならない」と記し、「先生」の遺書の中に書かれていた自殺した友人名の表記を「K」という表記に書き換えることによって、「先生」の「K」に対する「よそよそしい」態度を批判的に語ろうとした、こうした事態が浮かび上がってくるのです。固有名詞でもなく、「友人」でもなく、「K」というように、人と人との固有の関係を消去した記号で示すことで、です。〈語り手〉、手記の〈書き手〉である「私」は踏み込んで「先生」を問題化しています。そのために〈虚構化〉が図られているのです。

3　ただ一つの固有名詞「静」という名前と「乃木静子」という名前とを対比して現れてくる問題は何なのか

「こころ」という作品において、固有名詞で登場しているのは「先生」の「妻」だけです。それが「静」という固有名詞です。「私の知る限り先生と奥さんとは、仲の好い夫婦の一対であった。家庭の一員として暮した事のない私のことだから、深い消息は無論解らなかったけれども、座敷で私と対坐している時、先生は何かのついでに、下女を呼ばないで、奥さんを呼ぶ事があった。(奥さんの名は静といった)。先生は『おい静』といつでも襖の方を振り向いた。その呼びかたが私には優しく聞こえた。返事をして出て来る奥さんの様子も甚だ素直であった。ときたまご馳走になって、奥さんが席へ現われる場合などには、この関係が一層明らかに二人の間に描き出されるようであった」(上・九)

というように記されています。「上　先生と私」の部分の登場人物は「（まだ学生であった）私」、「先生」、「先生の奥さん（の静）」、「（私の）父」、「（私の）母」などですが、これらの人物のうち、固有名詞は「先生の奥さん（の静）」だけです。夫婦の関係は「仲の好い夫婦の一対」、「先生」の「呼びかたが私には優しく聞こえた」、「返事をして出て来る奥さんの様子も甚だ素直」であることが分かります。「中　両親と私」の部分、「下　先生の遺書」の部分の登場人物には実名の人物は登場しません。「先生」の遺書は「私」以外に公開されることを前提にして書かれていないのですが、「私」の手記は公開されることを前提にして書かれているのです。にもかかわらず、「手記」において「私」が「先生」の妻が「静」という名前であることを明かしてしまうことは辻褄が合いません。

どう考えたらいいのでしょうか。

「先生」の自殺は、明治天皇が亡くなり、乃木希典が妻静子とともに「殉死」したことが一つの引き金になっています。しかし、「自由と独立と己れとに充ちた現代に生れた我々は、その犠牲としてみんなこの淋しみを味わわなくてはならないでしょう」（上・一四）と考えている「先生」は一人で「自殺」しました。乃木の妻を道連れにした「殉死」がプレ「明治の精神」の現れであるとするならば、先生の一人の「自殺」は「明治の精神」の現れであるということになります。とすると、〈語り手〉であり、手記の〈書き手〉である「私」は、「先生」の妻の名前を「静」であるとし、虚構化し、「乃木静子」と対比させ、「先生」の自殺が何であったのかを〈聴き手〉、読者に示そうとした、こう考えることができます。「先生」は「K」の自殺の問題に苦しみ続けています。「波瀾も曲折もない単調な生活を続けて来た私の内面には、常にこうした苦しい戦争があったものと思って下さい。妻が見て歯痒がる前に、私自身が何層倍歯痒い思いを重ねて来たか知れないくらいです。私がこの牢屋の中に凝としている事がどうしてもできなくなった時、またその牢屋をどうしても突き破る事ができなくなった時、必竟私にとって一番楽な努力で遂行できるものは自殺より外にないと私は感ずるようになったのです」（下・五五）と遺書に記しています。〈語り手〉、手記の〈書き手〉の「私」は「先生の遺書」を〈虚構化〉しているだけでなく、手記自体を〈虚構化〉しているのです。

4　〈聴き手〉の「妻」、読者には、「私」と「先生」の相互相対化の劇がどのように現れてくるのか

「先生」の遺書を引用した「私」の手記が公開されたならば、「先生の奥さん（の静）」もそれを手に取り、読むことが想定されます。〈聴き手〉である「奥さん」、そして読者は、〈語り手〉、手記の〈書き手〉である「私」の叙述と遺書の引用からどのようなことに気づかされ、考えさせられるのでしょうか。

まず「K」の「自殺」の経緯を知ります。何よりも、「夫」である「先生」の他者に対する「よそよそしい」態度が「K」の「自殺」に大きくかかわっていることを知ります。そうした態度が若いときに叔父に財産を騙し取られたことによることも知ります。それだけではありません。夫が、「K」の自殺という事態に「妻」が巻き込まれないように、心の「牢屋」（下・五五）に閉じこもり、誰にも気づかれないように心の「戦争」（下・五五）を戦い続けていたことも知ります。「奥さん」が「お嬢さん」というように学生であった「先生」に呼ばれていた時代の、「お嬢さん」の「嫌いな例の笑

い」（下・三四）とは「お嬢さん」の存在そのものが「K」の心を掻き立てていたこと、そのことに対する「先生」の反応であったことも知ります。「K」の自殺に「お嬢さん」は期せずしてかかわっていた、これが「先生」の認識です。それゆえに、「先生」がこのことを妻に知られないように努めてきたことも知ります。この戦いは「妻」を守り、二人の愛を守る戦いだったことも知ります。「夫」の生き方に「明治の精神」（下・五六）が現れていることも知ります。「先生」は、「自由と独立と己れとに充ちた現代に生れた我々は、その犠牲としてみんなこの淋しみを味わなくてはならないでしょう」（上・一四）と書き記しています。この「淋しみ」の極限が「明治の精神」であるというように、です。

「奥さん」は、学生であった「私」が、「先生」の問題が他者に対する「よそよそしい」態度にあるというように捉え、このことを問い、「先生」に対する信奉と背信のジレンマに苦しみ、それを乗り越えて「先生」の遺書を引用した手記を公開したことを知ります。「奥さん」は「私」の「手記」を受け入れ、「先生の遺書」の内容も受け入れ、夫との愛も確認するでしょう。それだけではありません。自分の名前が「静」とされており、それが明治天皇の死に際して夫婦で「殉死」した乃木希典の「妻」の名前と同じであることも知ります。しかし、「先生」は一人で「自殺」したのです。乃木のプレ「明治の精神」に対して、「先生」の「明治の精神」が一人で死んだことに現れていることも知ります。ここにも現れている「よそよそしい」態度をいかに超えることができるのかに応えることによって、ポスト「明治の精神」が拓かれていくことも知るでしょう。

このように事態が展開していくことへの願いが、〈語り手〉、手記の〈書き手〉である「私」のもののの見方・考え方であり、自殺した「先生」はそれらを受け入れるでしょう。こうした「私」の思索が「先生」に対する「私」の信奉と背信のジレンマを超えさせていったのです。このことは、「私」の側からすれば、「先生」が「遺書」に「私は今自分で自分の心臓を破って、その血をあなたの顔に浴びせかけようとしているのです。私の鼓動が停った時、あなたの胸に新しい命が宿る事ができるなら満足です」（下・二）と書き込んだことに応えたということになります。「私」が「先生」の「私は倫理的に生れた男です。また倫理的に育てられた男です」（下・二）という遺書の中の言葉に応えたということにもなります。「先生」への背信が「先生」の識閾下の願いに応えることになる、こう考えたことが「私」の手記執筆の前提になっていたのです。「私」はこのように考えて、信奉と背信のジレンマを超えていったのです。

しかし、ただ一点、「先生」は、自らが妻と共に幸せになってはならない、「K」を裏切り、騙したことが許されることはない、このことにはこだわります。これが、〈先生〉の、ポスト「明治の精神」に対する「明治の精神」の言い分です。こうした言い分は〈語り手〉、手記の〈書き手〉の「私」には捉えられていません。こうした地平は〈語り手を超えるもの〉＝〈機能としての語り手〉の位相に拓かれていきますが、〈聴き手〉であり、読者でもある「奥さん」はその位相から「先生」と「私」の相互相対化の劇に向き合っている、こう言うことができるでしょう。このように「奥さん」の地平から「私」の認識（ポスト「明治の精神」）と「先生」の認識（「明治の精神」）が相互に相対化されることによって、「こころ」の「小説空間」が現象していくのです。

「こころ」の循環構造はこうした可能性の中にあります。「読み直すこと」によって、このように

「私」の「先生の遺書」の公開をめぐる信奉と背信のジレンマをめぐるナゾが解かれていきます。したがって、前掲の『こゝろ』論で田中が的確に指摘しているように、「オイディプス神話を下敷きにした父殺し、母との姦通の図式」では、「私」が手記を書く行為が「先生」に対する背信であるという事態を説明することはできないのです。なぜか。そもそも「私」の思いは「先生に対してだけ」(上・四)揺るぎないのですから、「奥さん」をめぐる「先生」との三角関係は論外です。「私」の「先生」に対する信奉の念には揺るぎがありません。

焦点は「先生」と「K」、「先生」と「奥さん」、そして「私」と「両親」をめぐる「よそよそしい」態度、了解不能の《他者》をめぐる問題が問われていることです。このことによって〈近代小説〉としての「こころ」の領域が拓かれていきます。ポスト・ポストモダンの時代を拓いていく課題と向き合っていきます。「『静』と名付けられた『妻』の手記」、それを読んだ最初の「手記」の書き手の「私」の、新たな「手記」が書かれていくことになるかもしれません。循環構造は螺旋構造になっています。

Ⅱ　教材価値／学習価値

「聴き手」の立場で〈語り手〉であり、視点人物でもある「私」の「先生」に対する批評を掘り起こし、対象人物である「先生」の「私」の批評に対する言い分を掘り起こすために、①「あらすじ」、②作品「こころ」の冒頭と結末に配置されているナゾ、③「よそよそしい頭文字などはとても使う気にならない」と「K」という表記の選択のナゾ、④ただ一つの固有名詞、「静」という名前が「乃木静子」という名前に対置されているナゾについて読み深め、〈聴き手〉、手記の〈読み手〉の「先生」に対する敬愛と背信のジレンマの克服の過程を明らかにします。さらに、〈聴き手〉の「妻」の立場で「手記」に向き合い、「私」と「先生」の相互相対化の劇を掘り起こすことによって、〈語り手を超えるもの〉=〈機能としての語り手〉の位相を読み深めていきます。「先生」と「私」の相互相対化の劇が明らかにされていくことは、〈聴き手〉、読者に〈わたしのなかの他者〉と了解不能の《他者》をめぐるナゾを問うていくことになります。このことによって、「こころ」を〈近代小説〉として見出し、国語科教育の「目的」に深くかかわっていくことになります。

付記　本稿は夏目漱石「こころ」の全編を対象にした授業ということを前提にしている。教科書では、「下　先生の遺書」の一部である「Kの自殺」の前後が教材化されているのが一般である。その際は、「学習課題」⑴「出来事」、「構成」、「語り手と登場人物」、「視点人物と対象人物」は教師による解説、学習の中心は「学習課題」⑵2、3となる。

作品の引用は青空文庫による。

「こころ」の授業構想

難波博孝

I 「こころ」でつけるべき力（目標）

最初に、「こころ」でつけるべき力、学習目標について、教材研究を受けて確認しておきます。まず、私は、あらゆる学校（国語科を含めた）の授業は次の「教育の目的」を持つべきだと考えています。これは、新学習指導要領では「人間性等」とも呼ばれるものであり、本書の総論（二七五頁〜）では〈価値目標〉とも述べたものです。

教育の目的（人間性等）〈価値目標〉

○「（自己や他者、世界を）問い続ける存在となる」

次に、「こころ」でつけるべき国語科の目標（教科の目標）を示します。国語科の目標は総論で述べたように、「学びに向かう力」〈態度目標〉・「思考力・判断力・表現力等」「知識・技能」〈技能目標〉に分かれます。これらの教科の目標は、作品研究や教材研究の成果に立ってつくられています。

単元（題材）目標

(1) 「学びに向かう力」〈態度目標〉

○「こころ」という作品が、近代（現代）に生きる私たちにどのような問題を提起しているのかについて探求する態度を持つ。

(2) 「読むこと」の「知識・技能」

○〈語り手〉による「私」「先生」「K」「静」という呼称に、どのような問題が提起されているのか考える。

(3) 「読むこと」の「思考力・判断力・表現力等」AB

A それぞれの登場人物の人生を押さえた上で、それぞれの人間関係の変容を捉える。

A 手記の冒頭（「私」が公開を前提にして書き出していること）と「先生」の遺書の結末（「先生」は遺書の非公開を望んでいること）の対応に孕まれている矛盾を、どのように考えたらよいのか、考える。

B 〈聴き手〉である「奥さん」の立場で、ポスト「明治の精神」と「明治の精神」の違いを捉え、「私」と「先生」の相対化の劇が提起していることについて考える。

＊「思考力・判断力・表現力等」のAとBの区別は二七二頁参照のこと（以下、授業構想「単元

（題材）目標」部分同様）。

Ⅱ　「こころ」の単元提案（全九時間）

本単元提案は、三つのレベルの単元を合わせて示しています。最初は共通していますが、途中から三つに分かれます。学校の実情、あるいは学級実態に合わせて選択していただきたいと考えています。

プランａｂｃ共通

第０次……「学びに向かう力」形成／「教育の目的」への誘い

第０次とは、教科書本文を読む前の、準備の段階です。「こころ」は長編小説です。最初は新聞小説として書かれたので、短い章の積み重ねでできており、教科書では「下」の部分採録が多く、部分を切り離して読まれています。教材本文としては一部しか扱わないとしても、全体を知っておいたほうが「こころ」の世界に入りやすいと考えます。そこで、本授業研究では、「こころ」の漫画を読むことで、「こころ」全体を捉えるように、第０次を行いたいと考えます。

ただ、プランａの授業提案では「下」だけを扱うのですが、漫画で「上」「中」「下」と見てしまってから「下」だけを教科書で扱うと、小説世界が整理できないまま（「『私』」の物語と「『先生』」の物語がうまくつながらない、など）になってしまうかもしれません。そこで、「下」だけ扱うプランａでは「下」だけの漫画を、「上」「中」「下」と扱うプランｂ、ｃでは、「上」「中」「下」全ての漫画を読んでおくように指示します。また、プランcでは、「上」「中」「下」の「こころ」本文も読んでおくように指示をしておきます。なお、ここで想定している漫画は『名著をマンガで！ こころ』（高橋ユキ画、二〇一〇、学研プラス）です。以上に示した第0次は、「こころ」に入る前の国語科の時間から行ってもいいし、自宅学習として行うこともできます。

プランabc共通

第一次（一時間）……黙読と人物とその履歴の把握／「学びに向かう力」と「知識・技能」形成

この時間では、まず、重要語句、漢字、難語句の説明がついた「下」の本文プリントを配り黙読をさせます。その後、「下」（プランa）または「上」「中」「下」（プランb、c）全体についての感想交流を行います。ここから三つのプランに分かれます。

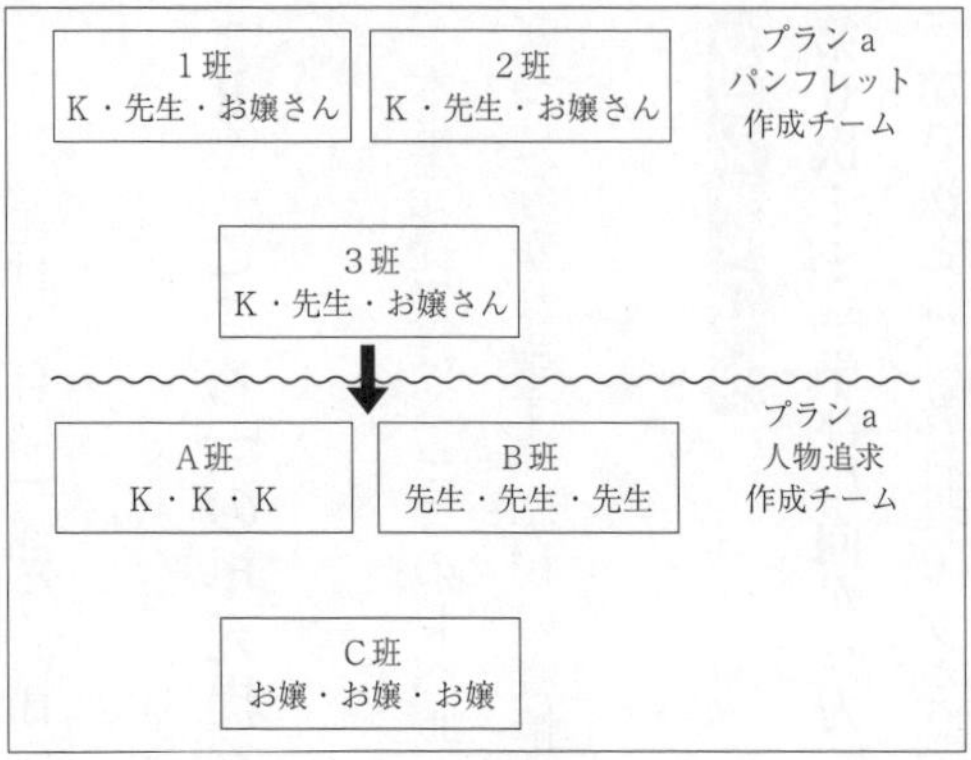

プランa
パンフレット
作成チーム

1班
K・先生・お嬢さん

2班
K・先生・お嬢さん

3班
K・先生・お嬢さん

↓

プランa
人物追求
作成チーム

A班
K・K・K

B班
先生・先生・先生

C班
お嬢・お嬢・お嬢

プランa

第二次（六時間）……「知識・技能」形成→「思考力等A」形成

第二次一読目（三時間）……人／事を読む、ナゾを決める

言語活動として、「映画のパンフレットづくり」を行います。このパンフレットには、登場人物の紹介、キャスティング、各人物の年表、人物の人間関係図の変容、解説（ナゾとナゾ解きの回答と理由）が含まれています。これらの内容が含まれている言語活動ならば「映画のパンフレット」以外でもいいでしょう。「映画のパンフレット」づくりはジグソー学習から入ります。まず、パンフレット作成チーム（1班・2班・3班）をつくります。このチームは最低三人でできています。このチームでパンフレットの大体の割付をまず考えます。

次に、人物追求チーム（A班・B班・C班）に分かれます。パンフレット作成チームのメンバーを「K」担当、「先生」担当、「お嬢さん（奥さん）」担当に分け、それぞれがそれぞれの人物追求チームに分かれ、学習を進めていきます。このチームで作成するのは、登場人物の紹介記事、キャスティング紹介、年表です。年表にはあらかじめ大きな柱のこと（例えば、Kの自殺など）が書かれています。その間の事象を、本文から抜き出して書いていくのです。この作業で、各人物の人物像と事象の重要部分を読み取らせる力をつけさせます。またこの年表作成の作業を通して、それぞれの人物のナゾについて、メモさせるようにします。

第二次二読目（三時間）……関係を読む、ナゾを解く

人物追求チームで作成した年表をパンフレット作成チームに持ち帰り、三人の人物の人物像、キャスティング候補、年表を紹介し合います。そのあと、これらをパンフレットの台紙に貼ります。その後、各人物間の関係の変化を、次のポイントを軸にしながら、話し合い、人物関係変化図に書いていきます。そのポイントは次のとおりです。

○お嬢さん⇕「先生」

・いつごろ「先生」はお嬢さんを好きになったか

・お嬢さんは「先生」のことをどう考えていたか
・結婚後二人の互いへの思いはどう変化したか

○K⇕「先生」

・互いが互いをどう考えており、それがどう変わったか

○K⇕お嬢さん

・いつごろKはお嬢さんを好きになったか
・お嬢さんはKをどう考えていたか

以上のことを書いた人物関係変化図も、パンフレット台紙に貼りつけます。

この活動の後、前に出された各人物のナゾを一覧表で示し、それぞれのチームで解くナゾを決めます。その中に、次のナゾも加えるようにします。

○「先生」についてのナゾ……「先生」はなぜ自殺したのか

○Kについてのナゾ……Kはなぜ自殺したのか

○お嬢さん（奥さん）についてのナゾ……夫の死後、どうなったか

なお、お嬢さん（奥さん）のナゾについては、「私」がこの手記（小説）を出すまでの間、とします。最低、上の三つのナゾを解くこと、加えて自分たちが考えたナゾを解くことを行っていきます。これらのナゾとナゾ解きおよびナゾ解きの理由は、解説に書いていきます。

それぞれのチームの人物関係変化図と解説は毎時間、パンフレットの台紙に残して教室に貼っておき、いつでも他のグループが見られるようにしておきます。第二次の最後の時間では、各チームの回

答を交流し質疑応答、修正を行います。

第三次（二時間）……「思考力等B」「人間性等」形成

第三次では、ここまで行った活動を、最初に考えた割付にしたがってパンフレットにしていきます。その際、次のことをつけ加えます。一つ目は、パンフレット全体の見出しです。この見出しについてはチームで話し合って決めます。二つ目は、各人物の人物像とキャスティングです。これも各チームで話し合って決めます。

最後に、チームのメンバーが、「『先生』は、どのタイミングでどうすればよかったのか」について、自分なりの回答と理由を考え、パンフレットにつけ加えます。最後の回答と理由については、クラス全体でも交流し、個人の回答と理由を修正した上で、パンフレットに掲載します。できあがったパンフレットは、公共図書館などに展示します（このプランaは、語り手概念が未形成のクラスに向けています）。

「こころ」映画パンフレット（独自の見出し）			
「こころ」解説	人物関係変化図	「こころ」年表	登場人物紹介とキャスティング
○「先生」はなぜ自殺したのか…… ※「先生」は，どのタイミングでどうすればよかったのか	先生⇔お嬢さん	先生	先生 （配役）
	先生⇔K	K	K （配役）
	K⇔お嬢さん	お嬢さん	お嬢さん （配役）

プランaの言語活動：映画のパンフレット

プランb

第二次（六時間）……「知識・技能」形成→「思考力等A」形成

（プランbでは、第0次ですでに、「こころ」を少なくともマンガで「上」「中」「下」とも読んでいる状況の生徒を想定している。）

第二次一読目（三時間）……人／事を読む、ナゾを決める

言語活動として、「映画のパンフレットづくり」を行います。このパンフレットには、登場人物の紹介、キャスティング、各人物の年表、人物の人間関係図の変容、解説（ナゾとナゾ解きの回答と理由）が含まれています。プランaでは、ジグソー学習で行いましたが、プランbでは同じグループでパンフレットの作成をしていきます。

まずグループのメンバーをK担当、「先生」担当、お嬢さん（奥さん）担当に分けます。各担当は、登場人物の紹介記事、キャスティング紹介、年表を作成します。年表にはあらかじめ大きな柱のこと（例えば、Kの自殺など）が書かれています。その間の事象を、本文から抜き出して書いていくのです。またこの年表作成の作業を通して、それぞれの人物のナゾについて、メモさせるようにします。

第二次二読目（三時間）……関係を読み、ナゾを解く

第一次でできたパンフレットをパンフレット台紙に貼ります。この活動の後、前に出された各人物のナゾを一覧表で示し、それぞれのチームで解くナゾを決めます。その中に、次のナゾも加えるようにします。

○「先生」についてのナゾ……「先生」はなぜKに打ち明けなかったのか、「先生」はなぜ自殺したのか
○「K」についてのナゾ……「K」はなぜ自殺したのか
○「お嬢さん（奥さん）」についてのナゾ……夫の死後、どうなったか

なお、奥さんのナゾについては、「私」がこの手記（小説）を出すまでの間、とします。

これらのナゾ解きのそれぞれのチームの回答は毎時間、パンフレットの台紙に残しておき、いつでも他のグループが見られるようにしておきます。また、各チームの回答の結果については理由をしっかり書き留めるようにしておきます。第二次二読目の最後の時間では、各チームの回答を交流し質疑応答、修正を行います。

第二次三読目（二時間）……語りを読む

まず、「私」の人生を漫画などでもう一度押さえ直すために、「私」の人生年表をまとめます。その年表には、「先生」への思いの変化も書き加えるようにしておきます。また、次の事項を確認（説明）します。

○本文の冒頭にある、「先生」「K」という呼称へのしかけ
○奥さんには遺書を見せないでほしいと述べた「先生」の意思を、「私」が裏切ったこと
○遺書を含めた「私」の手記は、まずは奥さんに向けてであること

その上で、「私」に関する次のナゾについて、チームで回答と理由を考えさせます。

○「私」は、なぜ父親の臨終なのに実家を飛び出して「先生」のところに行ったか

○「私」は、なぜ「先生」を裏切ってまで手記を公表しようとしたのか

チームで考えた回答と理由をクラス全体で交流し、それを受けて個人で回答と理由を記し、パンフレットに記入します。

第三次（二時間）……「思考力等B」「人間性等」形成

第三次では、ここまで行った活動を、最初に考えた割付にしたがってパンフレットにしていきます。その際、パンフレット全体の見出しとキャスティングをつけ加えます。

「こころ」映画パンフレット（独自の見出し）		
「こころ」解説	「こころ」年表	登場人物紹介とキャスティング
○「先生」はなぜKに打ち明けなかったのか……（以下，ナゾの説明が続く）……	先生	先生 （配役）
	K	K （配役）
	お嬢さん	お嬢さん （配役）
○「私」は，なぜ「先生」を裏切ってまで手記を公表しようとしたのか ※「私」の手記の公開は，「先生」と奥さんにとってよかったのか	私	私 （配役）

プランbの言語活動：映画のパンフレット

最後に、チームのメンバーが、「『私』の手記の公開は、『先生』と奥さんにとってよかったのか」について、自分なりの回答と理由を考え、パンフレットにつけ加えます。最後の回答と理由については、クラス全体でも交流し、個人の回答と理由を修正した上で、パンフレットに掲載します。できあがったパンフレットは、

公共図書館などに展示します。

プランc

第二次（三時間）……「知識・技能」形成→「思考力等A」形成

（プランcでは、第0次ですでに、『こころ』を「上」「中」「下」とも作品本文で読んでいる状況の生徒を想定している。第一次まではプランbと同様。）

第二次一読目・二読目（三時間）……人／事を読み、関係を読み、ナゾを解く

プランcでは、『こころ』の「上」「中」「下」全てを範囲とします。言語活動として、『こころ』のプレゼンテーションを行います。このプレゼンテーションには、登場人物の人物像、各人物の年表、解説（ナゾとナゾ解きの回答と理由）が含まれています。

まず、個人で、「先生」、「お嬢さん（奥さん）」、「K」、「私」のそれぞれの人物像をまとめ、年表をつくっていきます。年表にはあらかじめ大きな柱のこと（例えば、Kの自殺など）が書かれています。またこの年表作成の作業の間、次のナゾの回答を考えるように指示します。

○「先生」についてのナゾ……「先生」はなぜKに打ち明けなかったのか、「先生」はなぜ自殺したのか

○「K」についてのナゾ……「K」はなぜ自殺したのか

○「お嬢さん（奥さん）」についてのナゾ……夫の死後、どうなったか

○「私」についてのナゾ……なぜ父親の臨終なのに「先生」のところに行ったたか

これらのナゾの回答、その回答理由をプレゼンテーションシートに書いておくように指示します。
これらの回答、その回答理由は、個人で考え、チームで交流した後、クラス全体で交流し、それを受けて個人で修正して回答と理由を記し、プレゼンテーションシートに記入します。

第二次三読目の一時間目……語りを読む①

語り手としての「私」を考えます。まず、前時までで見た「先生」への思いを確認します。次に、以下のことを確認(説明)します。

○本文の冒頭にある「先生」「K」という呼称のしかけ
○「私」が奥さんには遺書を見せないでほしいと述べた「先生」の意思を裏切ったこと
○乃木大将の殉死や明治の精神、特に、お嬢さん(奥さん)の名前を「静」(乃木大将の妻と同じ名前)に改変した「私」の意図

次に、「なぜ『先生』を裏切ってまで『私』は手記を公表しようとしたのか」というナゾについて、回答と理由を考えさせます。その際、「先生」が自殺してから、「私」による小説(手記)の公表に至るまでに何があったかを想像させます。

第二次三読目の二・三時間目……語りを読む②

前時で考えたナゾについての回答をチームで交流した後、クラス全体で交流し、個人で修正して回答と理由を記し、プレゼンテーションシートに記入します。
その上で、改めて、「こころ」全体、特に、「下」の「先生」の遺書と「上」「中」の「私」の手記を比べさせ、「私」と「先生」に関する次のナゾについて、チームで回答と理由を考えさせます。

「こころ」 私のプレゼン	４人の年表①	「先生」についてのナゾ	「先生」は「私」が公表するだろうということを分かっていたのか。それで納得するか
「先生」の人物像	４人の年表②	「先生」はなぜＫに打ち明けなかったのか	自分が「先生」ならどう行動したか
「Ｋ」の人物像	４人の年表③	……	自分が「私」ならどう行動したか
「お嬢さん」の人物像	４人の年表④	なぜ「私」は，「先生」を裏切ってまで手記を公表しようとしたのか	
「私」の人物像	４人の年表⑤	「私」は「先生」の思いが本当に分かっているのか	おわり

プランｃの言語活動：プレゼンテーションシートの例

○「私」は「先生」の（「妻」「Ｋ」「私」に対する）思いが本当に分かっているのか
○「先生」は「私」が公表するということを分かっていたのか。それで「先生」は納得するか

チームで考えた回答と理由をクラス全体で交流し、それを受けて個人で回答と理由を記し、プレゼンテーションメモに記入します。

第三次（二時間）……「思考力等Ｂ」「人間性等」形成

第三次では、プレゼンテーションを行います。プレゼンテーションソフトを使ってもいいでしょう。その際、「自分が『先生』ならどう行動したか」「自分が『私』ならどう行動したか」について、自分なりの回答と理由を考えます。この回答と理由については、クラス全体でも交流し、個人の回答と理由を修正した上で、プレ

ゼンテーションシートに掲載します。プレゼンテーションシートは、ホームページにアップします。

芥川龍之介
羅生門

『羅生門』の〈読み〉の革命
―〈近代小説〉の神髄を求めて―

田中　実

人は相手から語ることはできません。真の「客観描写」は人には殆ど不可能です。これに挑戦した虚構装置の〈仕掛け〉が〈近代小説〉というジャンルの神髄です。これに向かうには主客相関のメカニズムの現象のメタレベルを要します。これはそこから生成された多次元空間の複数世界（パラレルワールド・同時存在）を捉えることであり、それには〈語り―語られる〉相関関係の、その〈語る〉主体を瓦解させ、そのメタレベルに立ち、これを捉えることです。世界と向き合っている主体を〈自己倒壊〉させ、再構築することを必須、前提とします。実体概念の〈作家〉を瓦解させるのでなく、関係概念の〈語り―語られる〉相関を統括する〈作者〉、語る主体の倒壊がその秘鑰（ひやく）です。〈創り手〉も〈読み手〉も〈近代小説〉の神髄に向かうにはこのことを意識化し、自身の〈動的過程〉、〈宿命の創造〉を生きることです。

思うに、芥川龍之介の文学的生涯とは、その出発の『羅生門』のとき、世界とは果たして生きるに値するのか、このモラルの問題を俎上に載せ、物語る主体の虚偽と闘い続けることでした。そしてその結果、自身の命を奪われたのです。

Ⅰ　大学生芥川の読み方と今日の『羅生門』研究の現在

(1)「Defence for "Rashōmon"」の射程

周知のとおり、芥川がまだ大学生だった大正四年一一月発行の『帝國文學』(帝國文學會)に、『羅生門』は柳川隆之介のペンネームで発表されました。その際末尾は「強盗を働きに急ぎつゝ、あつた」とあり、これを「強盗を働きに急いでゐた」と改稿したのが大正六年五月、「夏目漱石先生の霊前に献ず」があり、既に芥川は有望新人作家となっていました。その処女短編集の書名は『羅生門』(阿蘭陀書房)、巻頭には再稿された『羅生門』、次に漱石に高く評価された『鼻』が掲げられます。本書は恩師夏目漱石への想いと共に新人〈作家〉芥川龍之介の存在証明を明示するものでした。しかし、案の定、再稿『羅生門』の後、この作品自体のベクトルをさらに深く大きく潜行させ、〈語り〉の核心・急所に向かわざるを得ませんでした。一年二ヶ月後の大正七年七月、第二短編集『鼻』(春陽堂)収録の際、『羅生門』最末尾、「下人の行方は、誰も知らない」と、その物語の行き先(テーマ)を、先走って言うことになりますが、強盗から行先不明へ、即物的な夜の闇から認識の闇へ、転換させたのであり、それは視点人物である若者の捉える客体の世界が主体の捉えた客体のそれでしかないことが「作者」を自称する〈語り手〉にも十全に見えてきたためです。「誰も知らない」とは〈語り手〉を含み、包みます。すなわち、下人に捉えられる対象の世界が観念の陥穽にあるばかりでなく、そう語る認識者の〈語り手〉である「作者」自身が己れの認識の闇というパラドックスに取り囲まれているのがこの『羅生門』の世界だったのです。この『羅生門』の定稿（因みに、翌大正八年三月七日中根駒十郎宛書簡に、「校正は「鼻」による事」と指示）を促したのは、大正七年五月東京・大阪の『朝日新聞』に発表された『地獄変』の〈語り〉です。こうしたことは後述しますが、その前にわたくしは本稿の「〈読み〉の革命」のため、現在の近代文学研究状況を露わにせざるを得ません。拙著『小説の力―新しい作品論のために』（一九九六・二、大修館書店）でも紹介した資料「『羅生門』の擁護」（原文は英文、『芥川龍之介資料集図版2』一九九三・一一、山梨県立文学館）を再び掲げ、芥川自身の〈読み〉とこの英文とを比較対照してみます。

この小説は、自分が書いたなかでも最高の出来の作品だ。心からそう言える。とはいえ、この短い作品の中で言いたいことを十分には表現できなかったことも認めざるを得ない。甚だしい弱点やどうしようもなくつまらないところもある。活字になったこの作品を何度も読み返してみて、過敏な自己を痛感し、また同世代の作家達のほとんどを軽蔑していた己れの傲慢さを笑わずにはいられなかった。こういう心境はあまり快いものではない。（「貝多羅葉」四―二八）

『羅生門』は私の人生観の一端を具体的に表現しようとした短編である。私に人生観なるものが確立しているとは言えないが、この小説は単なる〈遊び心〉で作ったものではない。ここで扱っているのは〈モラル〉の問題だ。私の考えでは、少なくとも無教養の俗物のような人物の倫理観なるものは、その時々の気分や感情の産物であり、その時々の状況によっても左右されるのである。（「大学時代ノート（メモ、カット）」）

これらを見る限り、まだ〈作家〉以前、既に大学生の芥川龍之介は自作『羅生門』を一方では「最高の出来の作品」と自負しながらも、「甚だしい弱点やどうしようもなくつまらないところもある」と対象化しています。また、視点人物の若者を「無教養の俗物」とし、その「倫理観」が「その時々の気分や感情の産物であり、その時々の状況によっても左右される」センチメンタリストとして設定することで、若き芥川の人生観、「〈モラル〉の問題」を問おうとしたことが示されています。芥川は人気作家となってこれを完成させるまで二年半以上を費やしたのですが、これらを考える前に、先に我々研究者のいる現在の研究状況の大勢の一端を一瞥し、その水準を露出させましょう。

(2)『羅生門』の〈読まれ方〉

『羅生門』の研究状況を圧倒的にリードしてきたのは関口安義でした。関口は稲垣達郎・伊藤整監修の『批評と研究　芥川龍之介』（一九七二・一一、芳賀書店）に収録された「羅生門・芋粥」という論で、定稿『羅生門』に関しては、下人が強盗する行為を「己を縛る律法からの完全な解放」とし、その下人の行先が不明であることを、「当初芥川が考えていた世界の探究からは、一歩退いている」と捉え、定稿を「問題と正面から取組むという方法を放棄して」いると批判、こうした関口の読み方の方法論はポストモダン運動が流行する時代になると、一九八六年二月の『国語教育と読者論』（明治図書）において、「教材本文から逸脱しない限り、どのような〈読み〉も許容される」とし、読書主体と客体の文章との相関の原理を問わず、「逸脱」を自明の固定した実体として前提にしていて、旧来の原理論の方法をあたかも新規のごとく「読者論」と呼んで提唱します。そのため一九九二年一月には『「羅生門」を読む』（三省堂）、同年七月、『芥川龍之介―闘いの生涯』（毎日新聞社）、一九九五年一〇月『芥川龍之介』（岩波書店）、二〇〇七年六月『世界文学としての芥川龍之介』（新日本出版社）、さらに二〇〇九年五月『「羅生門」の誕生』（翰林書房）を相次いで出版しますが、論の骨子は変わりません。ここでは最新の『「羅生門」の誕生』を一行一行、検討してみましょう。

『羅生門』の物語核心部分、老婆が死人の髪の毛を抜く言い分とこれに対する下人の対応に対し、関口の解釈は、「[A]老婆によって代表される世俗一般の考えは醜い。若者からするならば、それは言い逃れであり、偽善であった。彼はそれに対して闘うのである。と同時に、彼は自身の[B]内なる律法とも闘わなくてはならなかった。老婆の着衣を剥ぐという行為に走ることは、たとえ[C]老婆を懲らしめるという言い開きが立つにしても、結果として〈引剥〉という行為が成り立ってしまう。（中略）それは[D]新しい〈勇気〉の獲得であった」（傍線引用者）と一貫しています。

　傍線Aは、関口に限らない、多くの研究者が誤読しているとわたくしには思えるところ、「仕方がなくした事」という老婆の主張は「世俗一般の考え」を代表していません。これを的確に捉え得た例外は管見では三好行雄です。三好氏は「悪が悪の名において悪を許す」「無明の闇」（『芥川龍之介論』一九七六・九、筑摩書房）と適切、しかし関口らはテレビのお茶の間劇場を見る如く、この場面を世間一般の日常と読み誤り、後述しますが、多用されている動物達のメタファーを等閑に付しています。老婆の言動は「世俗一般」の秩序から逸脱した、仏具が薪の代金になる文明の廃墟、食物連鎖の虚無の場から発され、鴉が人間の死肉を啄む行為と等価なのです。続いて傍線Bも同様、面皰に象徴される若者はまだいささかも闘うべき「自身の内なる律法」に価する内面を持ち合わせていません。むしろその逆、極から極に反転するのです。「引剥」の後ももし京の町へと戻る途中、高徳の僧に、妙齢の美女に、あるいは捨てられた赤子に出くわしたら、たちどころに強盗志望から仏道修行や恋愛のとりこに、捨て子の父へと変貌してしまうでしょう。芥川がこの若者をセンチメンタリスト、「無教養」な「俗物」として設定している目論見はそこにあります。主人公が特定の思想・イデオロギーを持っていれば、その思想と外界の出来事との相克、あらかじめ所有しているその思想自体が問われざるを得ません。そういう謂わば無教養で傍線B「内なる律法」を持ち得ない人物を視点人物とすることによって、外部をすぐに我流に自己化して勝手に影響されてしまう若者の内なる世界、その主客相関の世界観認識自体の問題を鮮明にしているのです。傍線C、「懲らしめる」という解釈も不適切、下人が老婆に社会的責任を取らせているのではありません。それは見せかけ、あるいは下人の意識の上澄み、それまで強盗か餓死か、そのどちらを選ぶべきか見えなかった自分の行為の決断を自分に納得させ、確認させる必要があった、だから役に立たないぼろ布のごとき老婆の着物でも剥ぎ取ってこれを自分自身に見せる必要があったのです。下人はこの自身の行為に自分で納得します。傍線Dでは、下人の強奪行為が「新しい〈勇気〉」と呼ばれています。こうした解釈が教材になされていることは論外でしょう。罪の場を問わず、強盗することを積極的に評価し、解放とする解釈はモラルの基本である善悪それ自体が問われていません。これでは単なる利己的な行為を正当化する歪んだ自己肯定の助長にしかなりません。

〈近代小説〉を読むとは語られた出来事、時間の流れであるストーリーを構成するプロットを考証・論証する行為とわたくしは考えません。客体の文章は読書行為によって読み手のコンテクストと化しています。我々読者はこれを捉えるのであり、それはプロットをプロットたらしめる〈メタプロット〉（＝内的必然性による文章の羅列）を捉えるべく、〈捉え―捉えられる〉、〈語り―語られる〉相関の現象を読む、これを考証・論証と考えます。そうであればいみじくも『羅生門』定稿の引き出した「認識の闇」、あるいは〈語ることの虚偽〉が現れます。ここに〈近代小説〉を活かす〈読み〉の基礎・基本があるのではないでしょうか。この相関を捉えない関口らの〈読み方〉とわたくしのそれとでは世界観認識の上で次元の違いがあります。そのため、前掲関口の単行本『「羅生門」の誕生』の帯の文言には、「小説を物語として死守！」、「かくして芥川は、小説を物語として死守することとなる」と宣告、物語のお話の内容、出来事だけが読み取られ〈語り〉の問題それ自体を一切封じています。読み方としてナラトロジーの理論以前、芥川の「大学時代ノート」の記述の内容、すなわち、その倫理観は「その時々の気分や感情の産物云々」というレベルからはるかに遠いと言わざるを得ません。

Ⅱ 『羅生門』の〈読み方〉

(1) 『羅生門』の〈読み〉の三つの鑰（かぎ）

まず、初稿・再稿のテキストで捉えておきます。

冒頭、視点人物の若者、下人は雨が止んでもどこにも行きどころがなく、この行きどころのない若者が羅生門の二階に上がることで物語が始まります。しかし、それが動き出す以前、死者が死者として葬られない、鴉がその死肉を啄むニヒルな虚無の舞台装置が用意されています。これを第一の鑰とすると、〈創り手〉＝「作者」を自称する生身の〈語り手〉が作中に直接登場する重層構造を捉えることが第二の鑰です。しかも、その「作者」＝〈語り手〉は今日から千年もはるか昔の出来事であることを強調し、横文字を混ぜて〈語りの現在〉を強く意識させ、徹底的な距離を強調しています。このメタ小説の基本構造は国語教育界においても見過ごされていて、代表的な例で言えば、文芸学を唱える西郷竹彦は「錯綜」としか捉えていません（西郷竹彦「変幻自在な相変移（変身）のメカニズムその複雑・微妙な様相」『文芸教育』89号・二〇〇九・三、新読書社）。〈語り〉や〈語り手〉という用語は流通しているものの、語ることのアポリアが問われることはありません。

人は通常、死体が放置され、転がっているところを今夜一晩でも仮の塒(ねぐら)にしようなどとは思いません。この物語の主人公、視点人物の若者、下人もまた京都の町の衰微に伴ってその識閾下に一種の虚無を隠し持っています。下人はこの舞台装置に相応しい人物です。ところが、そこには思いもかけず、「猿のような老婆」が死んだ女の髪の毛を抜いています。下人は人の寄り付かぬ羅生門の、しかもその二階に上がり、こともあろうに夕暮れのこの場所で死体を損なう老婆の行為を目にすると、「さっきまで自分が、盗人になる気でいた事」をすっかり忘れ、「あらゆる悪に対する反感が、一分毎に強さを増し」、何故そんなことをするのか、その訳を知ろうと、「鶏の脚のような、骨と皮ばかりの腕」の老婆を太刀で脅し、問い糾します。老婆は「肉食鳥のような、鋭い眼」で見、「鴉の啼くような声」

であえぎながら、なんと鬘にすると答えます。生活費のため、この応答は夕暮れのこの世ならぬ不気味な場に余りに不似合い、下人は平凡に過ぎて拍子抜け、老婆はその期待外れの反応を見て逆に不本意、自分のすることを「饑死をするのじゃて、仕方がなくした事」と肯定し、「その仕方がない事を、よく知っていたこの女は、大方わしのする事も大目に見てくれるであろ」と悪が許されていると蟇蛙のような声で説明します。老婆のこの説明・言い分は、何のことはない、さっきまで自分が強盗になるしかないと考えていたことと同じ、強盗になるか、餓死するかの結論を老婆は図らずも示したことになるのです。ならばと了解、下人はその標に老婆の着物を剥ぎ取って夜の京の町へ強盗になるべく急ぎ戻ります。裸にされて蹴飛ばされた老婆に見えるものはただ京の夜の闇ばかり、こう、初稿・再稿の物語は終わります。

ここで肝心なのは、老婆の髪の毛を抜く「仕方がなくする事」が逆に世間一般のモラルで測れないということです。老婆が語る「仕方がない事」とはもとより、その場の一時しのぎの方便に過ぎません。老婆の生きる場はもともと世間で言う善悪自体がなり立たない場であり、その行為は死肉を啄む行為と等価ですが、老婆はそれ以外生きる手段を持っていません。そこは前述した食物連鎖の場、善悪を分ける選択肢自体が成立しないのです。「作者」を自称する〈語り手〉はこれを読み手に見せるため、猿・鴉・鶏・蟇・肉食鳥などの生き物たちと老婆とを直結させる直喩を多用していたのです。ここに先の識閾下に虚無を抱えた下人を遭遇させます。下人は強盗になるか、餓死するか、「〈モラル〉の問題」を抱えていた秩序内存在であるため、老婆の言動によって揺れ動く自身の観念の一方を引き出され、早速老婆の着物の「引剥」をしたのですが、老婆の着物が欲しいのでも、それによって生きることができると思ったのでも恐らくはありません。老婆の着物が金銭に価しない、売り物にならないことは下人も承知だったのではないでしょうか。それは初めて手に入れた悪なるものをなぞってみせたノリ、勢いであり、それを目で見る必要があった、そこにはこの世間知らずの面皰面の若者の幼さが如実に現れています。

作品の第三の鑰は、この舞台装置の上での若者と老婆、両者のまなざし、パースペクティブのあり方によるすれ違いの劇を捉える所にあります。若者と老婆の二人は日本語（＝ラング）を共有し、会話は成立しても、両者のまなざし、パースペクティブが全く異なって、対話の劇は成立しない、そのために視点人物の若者は自身の中の観念に突き動かされ、それと知らずに「引剥」をして、京の町へ急ぐことになります。

(2)『羅生門』四つ目の鑰

わたくしに見えることは定義・通説とは余りに違うため、もう一度述べておきます。この羅生門とその楼上は、実は視点人物下人の捉えたような強盗か、餓死かの闘争の場ではありませんでした。食物連鎖の場とは言っても肝心の生き物と生き物とが命を懸けて闘う場所でもなかったのです。実は、死人の髪を一方的に抜く、鴉が死肉を啄むスタティックな場なのです。下人も殆ど無抵抗に等しい老婆から着物を奪ったものの、その「檜皮色の着物」も売り物にはならない無用の長物でしかありません。〈語り手〉は初稿・再稿では「下人は、既に、雨を冒して、京都の町へ強盗を働きに急ぎつゝあつた／急いでゐた」と言っても、その脇に抱えている無用の長物が象徴するように強盗になれるかはまだ白紙です。謂わば自身で書いたお墨付きをそれと知らず自分で懐にして夜の闇を先を急ぐのであり、下人はすぐに躓きます。これが作中の生身の〈語り手〉の「作者」には見えていなかったばかりでなく、初稿・再稿のこの「作者」を対象化して語るはずの〈語り〉を統括する主体である〈機能としての作者〉もこれを捉えていなかったのです。〈語り〉の真のありどころ、「〈モラル〉の問題」はまだ遠く、大学生の芥川の、「私の考えでは、少なくとも無教養の俗物のような人物の倫理観なるものは、その時々の気分や感情の産物であり、その時々の状況によっても左右されるのである」という指摘に対象化の兆しはあっても、これを再稿の段階でも凌駕・克服することはできませんでした。下人が「強盗」という生のあり方を選択するのであれば、老婆の着物を剥ぐのではなく、老婆の手に入れた髪の毛を奪う行為が必要でした。自身の中の観念との相克の契機を持たない下人に〈他者〉との出会いも相克も起こりません。下人のみならず、物語を仕掛ける「作者」もまた何者にもなれないのは、センチメンタルでナイーブな若者のままである視点人物を対象化しきれないからであり、「作者」自身が〈わたしのなかの他者〉と対決しきれていないのです。

　物語の出来事は物語る主体のパースペクティブによって現れてきます。この〈語り―語られる〉相関はここでは次のごとくでした。

　老婆の髪の毛を抜く行為は人間の死肉を鴉が啄む行為と同様、生きるための食物連鎖の一環ではあっても、ここは殺し、殺される闘争の場ではなかった、これを生身の〈語り手〉＝「作者」のパースペクティブでは、「猿の親が猿の子の虱をとるよう」と一種愛おしささえ感じさせる行為になぞらえて語っています。ところが、視点人物の若者の下人のまなざしにはこれが「許すべからざる悪」の徴（しるし）

と映り、さらに「あらゆる悪に対する反感」とまで高まって、両者のまなざしは正反対に現れています。語る主体＝「作者」は語られる対象の出来事、物語の中の視点人物のそれとの落差を何故こう際立たせて語っているのでしょうか。失職してまだ日の浅いこのセンチメンタルでナイーブな若者の内なる領域にいかに正義感の根がないかを見せるためです。それによって、そもそもまなざすとはいかなることか、その主体とはいかなるものか、外界を捉える主体それ自体とはいかなる存在なのか、すなわち、世界とはいかに現れるのか、これらがこの物語を創り、語る「作者」にとっての関心事、興味だったからにほかなりません。「作者」は千年後の認識者のまなざしでこの虚無の場で、謂わば死肉を啄むと同様の行為をする老婆をセットして、幼い観念が極から極へとその場その場で左右する若者、「俗物」を闖入させ、その視点人物にまなざされた現場がいかなる出来事として現れるか、その出来事を語ることで、世界とその世界に生きる意味とを問おうとするのです。それが物語を語る・創ることです。

「作者」を自称する〈語り手〉とそこに語られた視点人物若い下人と、対象人物老婆との相関、その三者のまなざしの相違に若者のこれからの生き方が見えてくることが示されています。面皰面のこの視点人物の若者は既存の秩序内の幼い価値観によって対象人物老婆の世間並みの価値観・世界観を裁断し、強盗をすることは許されている・認められていると錯覚し、京の町に向かうのですが、その幼さの意味に「作者」自身が十全に気づくには、語ることが虚偽であることに出合わなければなりません。つまり、客体とは主体に捉えられた対象のこと、客体そのもの＝〈第三項〉は永遠に捉えられないとの認識が必要だったのです。これが第四の鑰です。〈語ること〉は自身の〈影〉を捉える行為、虚偽性との対峙・対決が待っていたのです。それが再稿からさらにもう一年二ヵ月後の大正七年の七月、第二短編集『鼻』発刊の二ヶ月前に発表された『地獄変』の表と裏の二重の〈語り〉を手に入れ、〈語ることの虚偽〉を対象化することでした。

Ⅲ 「認識の闇」を超えて

(1) 『地獄変』の〈語り〉の虚偽

定稿『羅生門』の完成は、『地獄変』の〈語り〉自体を相対化する〈語り〉、二重の〈語り〉なくしてはあり得ません。作中の生身で登場する「物語」の書き手、すなわち生身の〈語り手〉の〈語り〉の虚偽性の克服には〈語り手を超えるもの〉=〈機能としての語り手〉=関係概念の〈作者〉が必須です。

『地獄変』の〈語り〉は「日向の説明」と「陰の説明」の二つの、「あのナレエシヨンを組み上げる上に於てお互にアクテユエエトし合ふ性質のもの」(小島政二郎宛書簡・一九一八・六・一八)であり、それは最晩年の「或旧友へ送る手記」(『東京日日新聞』一九二七・七・二五)の「末期の目」に通底しています。再稿『羅生門』の後、芥川は『地獄変』の〈書き手〉となったとき、知覚する主体を信じる自然主義文学の文学観を斥けるべく、絵師良秀を主人公に設定します。地上の権力者大殿は並ぶもののない芸術の王者良秀と対立、見たものでなければ絵に描けぬ良秀に、良秀の生の唯一の拠り所である娘が焼き殺される場面を用意し、これを描くように命じます。大殿の軍門に下るしかないところに追い込まれた良秀はそのとき、捉えた対象は主体によって現れた出来事に過ぎないという認識の〈からくり〉を手に入れ、自ら内面世界を娘と共に焼き殺す境地に到り、それによって客体の対象と直に向き合う「末期の目」を手に入れます。娘の殺される場面を描き切ったとき、同時に良秀は自裁・自決するのです。これまで目に見え、手で触れる客体の現実世界をありのままに捉えようとしていた、謂わば自然主義リアリズムを信じていた絵師がその描く主体を自ら殺すことで、地獄変の屏風の絵を完成させるのです。それは地上の権力者をも感動させ、芸術家の勝利となりますが、この作品の〈語り手〉は大殿の従者です。大殿を渇仰し、賛美しながらこれと対立した良秀の勝利を語るアクロバティックな二重性を背負っています。〈機能としての語り手〉は〈聴き手〉に表のナレーションを信じさせながら、同時に裏のナレーションでこれを否定する手法を使い、〈語ることの虚偽〉をその二重の〈語り〉で克服せんとしたのです。『地獄変』の〈語り手〉の従者は、主体を抹殺することで客体の屏風絵を未曽有の傑作たらしめる良秀の物語を語るのですが、生身の〈語り手〉の従者がその「末期の目」を手に入れているのではもちろんありません。生身の〈語り手を超えるもの〉＝〈機能としての語り手〉がこれを語らせているのですが、この〈機能としての語り手〉自身「末期の目」を認識の対象にしてはいるものの、これを文字通り自家薬籠中として生きることは容易なことではありません。しかし〈作家〉芥川龍之介はこの作品を経て、改めて三度『羅生門』に向かいます。〈語り〉を統括する主体である「作者」は今度は下人が強盗になる話から行方不明になる話へと転換させるのです。下人が知覚し、捉えた外界の対象領域は下人自身の内なる世界が何ものだったかを表すしかなく、客体の外界を認識すればするほど、その認識主体の領域の内なる領域が現れてくる、この運動のメカニズムが見えてくると、それは「認識の闇」、この深みに陥ることを「作者」が自覚するのです。

定稿『羅生門』には末尾以外にもう一つ、周知の大きな改稿があり、そこには表現に関する形式上の齟齬・矛盾が隠れていました。

老婆が下人に釈明する箇所は、再稿にはなかった鍵括弧が付き、老婆の口調も会話体の肉声に変えられ、再稿の「――」も削除されています。ならば当然、これは老婆の直接話法、肉声という建前になりますから、〈語り手〉の「大体こんな意味の事を云った」の一文は削除されなければなりません。この〈語り〉の文を残すことは表記上の齟齬になります。このような齟齬が定稿で起きていること自体、認識すればするほど認識の闇に陥るという逆説から抜け出せない芥川の闇の深さを示しています。「認識の闇」との相克を強いられていた「作者」を自称する〈語り手〉は改めて、羅生門の二階の設定という基本的なレベルからの問い直しを要求されていたのでした。ここは「行き所」のない、世俗的な帰属の剥奪された虚無の場所、他の生き物に喩えられる老婆が死人の髪の毛を抜くのは鴉が死肉を啄むのと同等の、生き物たちの殺し殺される闘争が回避されていた場で、下人と老婆との間には最初からこの闘いがありません。ここからが真に肝心な問題、プロローグに掲げた「客観描写」の問題が待ち受けています。

(2)『奉教人の死』

大正八年一月、第三創作短編集『傀儡師』は十一の短編集の総タイトルであり、「傀儡師」とは、各作品のメタレベルの〈語り〉を統括する主体を意味し、ここに芥川文学の真骨頂〈語り―語られる〉相関を直接示しています。年頭のあいさつにも「世の中は箱に入れたり傀儡師」と書き、『羅生門』定稿完成の後、『奉教人の死』が翌々月の九月に発表され、巻頭にはこの作品を、巻末には『地獄変』が置かれています。定稿『羅生門』は『奉教人の死』へと向かわせるのです。

『奉教人の死』の〈語り手〉は主人公「ろおれんぞ」を「この国の少年がござつた」、「天童の生れがはり」と語ってきたのですが、末尾、彼は猛火に飛び込んで赤ん坊を救い出し、焼けた着物の中からは「清らかな二つの乳房が、玉のやうに露れ」ます。女だったのです。この話は、人生は一瞬の「刹那の感動に極る」とし、「「ろおれんぞ」が最期を知るものは、「ろおれんぞ」の一生を知るものではござるまいか」に行き着きます。これは定稿『羅生門』がさらに向かう世界でもあり、語ることの虚偽、「認識の闇」をこの「刹那の感動」によって克服しようとする実践でもありました。この時期の芥川の辿り着いたぎりぎりの表現の境地です。ところがここにはまだ障壁がありました。次の志賀のような世界観・表現論が必要だったのです。志賀直哉は芥川が自殺した後、芥川の『奉教人の死』が最初は男と言い、最後に女だと打ち明けるのですから、「仕舞ひで背負投げを食はすやり方」、「あれでは読者の頭には筋だけが残り、折角の筋道のうまさは忘れられ」ると批判、「芥川君はそれらを素直にうけ入れてくれた。そして、「芸術といふものが本統に分つてゐないんです」といつた」(「沓掛にて―芥川君の事―」『中央公論』一九二七・九、中央公論社)と語ります。これは芥川にとって肺腑を抉られる痛恨の極みでした。表のナレーションとその裏にそれを否定するナレーションを並べて物語が進行する『奉教人の死』の手法は推理小説の謎解きの型に収まり、一行で語ることの真実を求める志賀の要求に応えることにはなりません。これでは虚偽を相対化しても、虚偽自体を克服する表現はできず、〈近代小説〉の神髄には至らないのです。表と裏、その双方を一つにした表現の極化が必要なのです。そこでは語られる方法より「詩」の極限が現れます。このことは自然主義リアリズムよりはるかに〈近代小説〉の神髄を穿ち、芥川の文学的生涯の生死を決することでした。

他のところでも何度も触れたことですが、ここでも繰り返しておきます。志賀直哉の『范の犯罪』(『白樺』一九一三・一〇)は范が結果として妻を殺して、完璧な快活を手に入れ、裁判官がこれを完全に「無罪」とする常識的にはありえない判決を下す話です。ここには生と死を等価に捉える絶対的心境が描かれています。「客観描写」はこのレベルに達しないと成就しません。『城の崎にて』(『志賀直哉全集 第二巻』一九七三・七、岩波書店)では志賀は「今は范の妻の気持を主にし、仕舞に殺されて墓の下にゐる、その静かさを自分は書きたいと思つた」と述べ、「生きて居る事と死んで了つてゐる事と、それは両極ではなかつた。それ程に差はないやうな気がした」と明かしています。この生と死を等価とする認識、あるいは境地はいかにして可能か、それは生き物が他の生き物の命を奪うことで命を繋ぐ命の在り方、この殺し殺される行為によって生命が生命足りえている状態が我々生き物の究極のなり立ちであり、定めであることをそのまま受け入れるところにあります。世界は志賀にとって「カルネアデスの板」なのです。それは通常世間一般で考えられている善悪や人生の第一義の観念を全て無化し、世界と向き合っている己れ自体・主体自体を瓦解させ、世界とそれを捉える主体の相関のメタレベルのまなざしで自身を捉えることを要します。それによって「客観描写」が実現する、これが近代の物語文学と差別化して〈近代小説〉の神髄を目指した地平です。芥川がこの「客観描写」を獲得しようと苦闘した証は『藪の中』に見て取れます。

黒澤明は敗戦国日本で天皇を超える絶対者マッカーサーの統治下、多次元空間のパラレルワールドが現れているこの作品を『羅生門』というタイトルで映画化しました。絶対者がいかにフィクションであるかということを痛烈に風刺しているこの映画は統治国アメリカ、ニューヨークでまずショックを与えて注目を浴び、ヨーロッパではさらにグランプリ、金獅子賞を受賞しました。しかし、戦後社会を引きずる近代文学研究の学会状況や中村光夫、福田恆存、大岡昇平ら批評界は、この作品に真犯人捜しを演じることになり、これが現在まで続いています。近代小説の主流、自然主義文学とその後継者・戦後文学は今日まで、捉えた対象の外部、〈向こう〉には客体の実体が「真実」としてあり、真犯人がいるとするリアリズムや「近代的自我」の信仰から抜け切れていません。芥川の定稿『羅生門』はそうしたことを斥け、批判して「認識の闇」にいたのです。

個体として存在する生物たちは食う／食われる、殺す／殺される関係の中でしか生きることはできない、それが生命存続の基本条件だということを真に受け入れることで、生きることと死ぬことが等価であるというまなざしを獲得することになり、客体を捉える主体とその客体との相関の外部、メタレベルに立つことができます。それは主体による主体自身の滅却とその〈再構築〉を促すのです。この格闘を芥川が回避していたことを志賀は批判していたのです。これを受け止めた芥川はその後、物語より「詩」を求めて私小説の世界の道を苦悩葛藤して歩き続け、谷崎とのプロット論争の中、待っていたのは『歯車』の末尾、「誰か僕の眠つてゐるうちにそつと絞め殺してくれるものはないか？」でした。

芥川は鷗外・漱石・志賀直哉を仰ぎ見ていました。〈近代小説〉の神髄は主体によって捉えられた客体の領域の外部、超越を志向し、絶対を求めながら相対に転じてしまう日本の精神風土に、なお未来永劫了解不能の《他者》というくさびを打ち込んでいこうとしたのです。芥川の自裁はその道程にあります。

付記　作品の引用は青空文庫による。

「羅生門」の教材研究

須貝千里

Ⅰ　学習課題として

(1)　「読むこと」（どのようなことが語られているのか━構成・出来事・語り手と登場人物）

「構成」は「羅生門の外」、「羅生門の中（楼上）」、「羅生門の外」というように把握できます。

「出来事」は、この二、三年、荒廃し、衰微した京都の町で、下人が四五日前に主人の家から暇を出されたことから始まっています。ある日の暮れ方、下人は羅生門の下で、飢死をするか、盗人になるか、悩んでいるのです。下人は一晩寝ることのできる場所を求めて、楼の上に登っていきます。すると、下人は楼の中に老婆がいるのを見出します。さらにその老婆が死人の髪の毛を引き抜いているのを見出したのです。その後、老婆との対応の中で、下人の心理は「ある強い感情」、「六分の恐怖と四分の好奇心」、「恐怖が少しずつ消えて行った」、「老婆に対するはげしい憎悪」、「あらゆる悪に対する反感」、「悪を憎む心」、「老婆の生死が、全然、自分の意志に支配されていると云う事を意識」、「憎悪の心」が冷める、「ある仕事をして、それが円満に成就した時の、安らかな得意と満足」というように揺れ動いているのです。下人は老婆に何をしていたのかを問い詰めました。しかし、「老婆の答が存外、平凡なのに失望」し、「また前の憎悪が、冷やかな侮蔑と一しょに」心の中に入ってきます。さらに老婆を問い詰めていくうちに、下人には「ある勇気が生まれ」ます。今まで「この男には欠けていた勇気」です。「この老婆を捕えた時の勇気とは、全然、反対な方向に動こうとする勇気」です。「下人は、饑死をするか盗人になるかに、迷わなかったばかりではない。その時のこの男の心もちから云えば、饑死などと云う事は、ほとんど、考える事さえ出来ないほど、意識の外に追い出されて」いくのです。下人は老婆に「きっと、そうか」と念を押し、「では、己が引剥をしようと恨むまいな。己もそうしなければ、饑死をする体なのだ」と言い、「下人は、すばやく、老婆の着物を剥ぎとっ」て、「またたく間に急な梯子を夜の底へかけ下り」ていきます。「しばらく、死んだように倒れていた老婆が、死骸の中から」裸の体を起こし、「門の下を覗きこ」みますと、「外には、ただ、黒洞々たる夜があるばかり」です。

「〈語り手〉」は「作者」と称して作品に登場し、**「登場人物」**は下人と老婆で、視点人物は下人で、対象人物は老婆です。ただし、老婆が「楼」の中から「下人」が消えた外の暗闇を見ている場面は老婆が視点人物になっています。さらに、登場人物の所属する時間と〈語り手〉の所属する時間の違い、二重性という事態に注目しなければなりません。そこには千年の隔たりがあります。〈語り手〉は最後に「下人の行方は、誰も知らない」と語っていますが、このことは「作者」と称し、作品に登場する〈生身の語り手〉による下人に対する批評であるだけでなく、〈語り手〉にも下人の行方が分からないのですから、自身も批評の対象にされていることになります。これは〈語り手を超えるもの〉＝〈機能としての語り手〉による〈生身の語り手〉が抱えている〈語ることの虚偽〉という事態に対する批評です。こうした事態が〈聴き手〉によって拓かれ、読者によって問われていきます。

(2)「読み直すこと」（どのように語られているのか／なぜそのように語られているのか）

1 〈語り手〉による場面や登場人物に対する象徴的な表現はどのように使い分けられているのか

①「暮方」「雨」「夕闇」「濁った、黄いろい光」などの表現によって、ぼんやりとした場面の様子が語られていますが、そのことによって、飢死をするか、盗人になるか、という問いに結論を出せずに揺れ動いている下人の内面を思い浮かばせるように語られています。下人が人間的な倫理の中で思い悩んでいることが示されています。②登場人物の「下人」と「老婆」は固有名詞で呼ばれていません。帰属性が剥奪され、裸の存在として語られています。それぞれの人物の抱えている問題が露わに見えるように語られています。③下人の顔の膿を持った「面皰」によって、その人物が若者であることが語られているだけでなく、内面の混迷と腐敗も示されています。「聖柄の太刀」によって、下人が武力の所有者であることが語られていますが、「所々丹塗りの剥げた、大きな円柱に、蟋蟀（きりぎりす）が一匹とまっている」、この孤独な「蟋蟀」によって、「羅生門の下」の下人の姿が暗示されています。「聖柄の太刀」から想起される下人の人物像とは正反対の、人間的な倫理の中で揺れ動く人物像が浮かび

上がってきます。④「死骸の腐爛した臭気」などの表現によって楼内の様子が語られ、老婆のいる楼内が日常とは異なった時空間であることが示されています。老婆が「門の上の空が、夕焼けであかくなる時には、それが胡麻をまいたようにはっきり見えた。鴉は、勿論、門の上にある死人の肉を、啄みに来るのである」の、「鴉」であることが思い浮かぶようにも語られています。「鴉」は人間的倫理の外部で生きています。「鴉」の行為は人間的倫理によって問題にされることはありません。老婆はそうした「鴉」と同様に生きている人であることが示されています。こうした老婆と「鴉」との対応に、老婆と下人の違いが現れてきますが、「鴉」が啄んでいるのが「死人の肉」であることを看過してはなりません。その行為が生者と生者の抗争でないところも老婆と共通しているからです。⑤「黒洞々たる夜」は、「盗人」になる決意をして京の町に消えた、「下人の行方は、誰も知らない」という事態に呼応しています。〈語り手〉の認識は下人の思いとは別に、下人が「盗人」になることができたとは捉えていないのです。これは下人に対する〈語り手〉の批評です。そのように語る〈語り手〉の〈語ることの虚偽〉も問われています。こうした事態と向き合っているのが〈聴き手〉、そこが読者の場所です。

2 〈語り手〉による下人と老婆に対する動物の比喩表現はどのように使い分けられているか

〈語り手〉によって、①下人は「猫のように」「守宮のように」と語られ、②老婆は「猿のような」「猿の親が猿の子の虱をとるように」「鶏の脚のような」「肉食鳥のような」「鴉の啼くような」「蟇のつぶやくような」と語られています。下人は人間的倫理にかかわって生きている者に喩えられ、老婆は人間的倫理の外部に生きている者に喩えられています。こうしたことが、〈聴き手〉に、読者に提示されています。前掲の「羅生門」論で田中実氏は、老婆は「食物連鎖の場」を生きていると指摘しています。虚無の中を生きています。一方、下人は死人の中で一晩過ごそうとしています。下人はそうした意味で虚無を抱えているのですが、依然として日常の人間的な倫理の中で悩んでおり、気持ちは揺れ動き続けています。両者はこのように対比されて語られているのですが、視点人物の下人は対象人物の老婆について立ち止まって思索を深めていくことをしていません。そのようなことができない若者であるということになります。〈語り手〉は的確に「平安朝の下人の Sentimentalisme」と批評しています。老婆の、死人の髪の毛を抜き取る行為は「猿の親が猿の子の虱をとるように」と語られ、その行為は親猿の慈悲深い、愛の行為と重ねて示されているのですが、下人はこうした事態に着目し、立ち止まって、思索を深めていくことをしていません。下人は〈わたしのなかの他者〉として老婆に接し、老婆の虚無に思いが至っていません。下人は老婆の了解不能性に思いが至っていないのです。こうした事態を顕現させていくことによって、〈語り手〉による下人に対する批評を掘り起こしていくことができます。ここに〈聴き手〉、読者の場所があります。

ただし、老婆の野生の倫理は、人間的倫理ではないのですが、生者と生者の抗争としての、極限性の中で醸されていったものではありません。老婆の対象が死人なのですから、抵抗されることはありません。老婆の着物を「引剥」する行為にも生者と生者の抗争は欠落しています。このことは下人の老婆に対する向き合い方と相似形の事態です。老婆は抵抗できません。着物は価値がありません。下人は老婆の倫理の上澄みを生きているということになります。こうした事態に下人は気が付いていません。〈生身の語り手〉もこうした問題を看過してしまっています。「羅生門」にとって、こうした事態は決定的な問題を孕んでいるのです。

3 フランス語表現、時間単位の表現に注目すると、〈語り手〉と登場人物のどのような違いが分かるのか

〈語り手〉は、下人も老婆も「平安朝」の人物であるにもかかわらず、「平安朝の下人のSentimentalisme」というようにフランス語を用いたり、「申の刻下り」という古い時間の単位（旧暦）だけでなく、「何分かの後」「一分毎に」というように今日の時間の単位（新暦）を用いたりしています。こうしたことによって、〈語り手〉が「近代」の人間であることが分かります。〈語り手〉は作品の書かれた大正四年から七年ごろを「現代」とする人物であると言っていいでしょう。〈語り手〉がフランス語を用いていることによって、知的な人物であることが示されていると言っていいでしょう。下人や老婆と〈語り手〉には千年の隔たりがあります。しかし、千年前のことは現代のことなのです。〈生身の語り手〉が問題化されています。

こうした〈語り手〉と登場人物の関係性については、〈語り手を超えるもの〉＝〈機能としての語り手〉のレベルを想定して検討していかなければならないことを申し添えておきましょう。

4 「羅生門」では〈語り手〉が「作者」として、作品世界に露出しているが、このことは〈聴き手〉にどのような事態を喚起していくのか

〈語り手〉は、①「何故かと云うと、この二三年、京都には、地震とか辻風とか火事とか饑饉とか云う災いがつづいて起った。そこで洛中のさびれ方は一通りではない」、②「旧記によると、仏像や仏具を打砕いて、その丹がついたり、金銀の箔がついたりした木を、路ばたにつみ重ねて、薪の料に売っていたと云う事である」、③「作者はさっき、『下人が雨やみを待っていた』と書いた。しかし、下人は雨がやんでも、格別どうしようと云う当てはない。ふだんなら、勿論、主人の家へ帰る可き筈である。所がその主人からは、四五日前に暇を出された。前にも書いたように、当時の京都の町は一通りならず衰微していた。今この下人が、永年、使われていた主人から、暇を出されたのも、実はこの衰微の小さな余波にほかならない。だから、『下人が雨やみを待っていた』と云うよりも『雨にふりこめられた下人が、行き所がなくて、途方にくれていた』と云う方が、適当である」、④「旧記の記者の語を借りれば、『頭身の毛も太る』ように感じたのである」とあるように作品の中に直接に登場しています。〈語り手〉は〈生身の語り手〉です。この作品における〈語り手〉の登場の仕方には、①②④の場合のように事態の解説、③の場合のように事態の言い直しの二種類がありますが、どちらにしても、こうした露出した〈語り手〉の登場によって登場人物に対する意味付けや批評がなされています。登場人物のものの見方・考え方のみを作品世界とするのではなく、〈語り手〉の登場人物に対するものの見方・考え方をも作品世界とし、両者の相関関係を捉えることが求められているのです。その上で、もう一点、言わなければならないことがあります。③の場合の事態の言い直しはこうしたことに留まらない、と。このようなことをされると、語られている内容に対する〈語り手〉の〈聴き手〉に対する信頼が損なわれてしまいます。〈聴き手〉には〈語り手〉の〈語り〉の真偽に対する不安が喚起されてしまいます。〈聴き手〉、そして読者も〈語ることの虚偽〉という事態に向き合わされていくのです。このことも〈語り手を超えるもの〉＝〈機能としての語り手〉のレベルを想定して検討していかなければならないことです。

5 〈語り手〉は「下人の行方は、誰も知らない」というように語り終えているが、このことによって、〈聴き手〉に〈語り手〉のどのような問題が問われることになるのか

結末の一文は、

○下人は、既に、雨を冒して、京の町へ強盗を働きに急ぎつゝあつた。（大正四年一一月、雑誌『帝國文學』帝國文學會・初稿）

○下人は、既に、雨を冒して、京の町へ強盗を働きに急いでゐた。（大正六年五月、単行本『羅生門』阿蘭陀書房・再稿）

○下人の行方は、誰も知らない。（大正七年七月、単行本『鼻』春陽堂・定稿）

というように書き直されています。

なぜ、二年半かけて大正七年に、このような決定的な改稿がされたのでしょうか。なぜ、下人の行方が示されていたものから、それが示されないものに書き換えられたのでしょうか。この最終改稿の一文は「誰も」でありますから、「下人の行方」を知らないのは老婆も、下人も、京の町の人も、〈語り手〉も〈聴き手〉も、ということになります。下人が「知らない」ということは、下人が老婆のような日常的な人間的倫理の外部の人間になることができなかったということです。下人が老婆のよう

になれると思ったことが「認識の闇」（田中実）であるということが「下人の行方は、誰も知らない」ということで示されています。こうした〈語り手〉の批評が「下人の行方は、誰も知らない」という一文に示されているのです。それだけではありません。〈語り手〉が「知らない」ということは、〈語り手〉の下人に対する批評が〈生身の語り手〉自身の〈語ることの虚偽〉に対する批評に反転していきます。「羅生門」にはこのような二重の批評を見出すことができます。「下人の行方は、誰も知らない」という一文は、このように世界観認識をめぐる問題を批評の対象として浮上させていきます。これは《他者》の了解不能性をめぐる問題です。これが〈聴き手〉が拓いていく作品世界なのです。このような〈語り手を超えるもの〉＝〈機能としての語り手〉による〈生身の語り手〉に対する批評は〈近代小説〉としての「羅生門」の誕生に向かっています。

6 〈語り手〉による老婆の言葉の語り方（間接話法と直接話法の混濁）に注目すると、どのような問題が現れてくるのか

しかし、こうした事態が対象人物である老婆の他者性の弱さによって足踏みしている、このことを看過してはなりません。〈語り手〉は老婆の言葉を次のように語っています。

……蟇のつぶやくような声で、口ごもりながら、こんな事を云った。
「成程な、死人（しびと）の髪の毛を抜くと云う事は、何ぼう悪い事かも知れぬ。じゃが、ここにいる死人どもは、皆、そのくらいな事を、されてもいい人間ばかりだぞよ。現在、わしが今、髪を抜いた女などはな、蛇を

四寸ばかりずつに切って干したのを、干魚だと云うて、太刀帯の陣へ売りに往んだわ。疫病にかかって死ななんだら、今でも売りに往んでいた事であろ。それもよ、この女の売る干魚は、味がよいと云うて、太刀帯どもが、欠かさず菜料に買っていたそうな。わしは、この女のした事が悪いとは思うていぬ。せねば、饑死をするのじゃて、仕方がなくした事であろ。されば、今また、わしのしていた事も悪い事とは思わぬぞよ。これとてもやはりせねば、饑死をするじゃて、仕方がなくする事じゃわいの。じゃて、その仕方がない事を、よく知っていたこの女は、大方わしのする事も大目に見てくれるであろ」

老婆は、大体こんな意味の事を云った。

ここでは二つのことが問題となります。

一つは、「老婆は、大体こんな意味の事を云った」（傍点引用者）という語り方は老婆の言葉が間接話法で示されていることになり、〈語り手〉によって要約されたものであるということになります。こうした事態によって照らし出されるのは、下人が老婆の言葉をどのように受け止めているのか、そのことを〈語り手〉がどのように捉えているのか、ということです。老婆は日常的な人間的倫理の外部にしか生きる場所がありませんが、下人は日常的な人間的倫理の中にあります。間接話法は、下人が人間的倫理の中で老婆の言葉を受け止めていることを示しています。下人は自らが望む答えに即して、老婆の言葉を悪いことをしたやつは悪いことをされても許してくれるというように聞いているのです。下人はこのことを自覚していません。下人における「認識の闇」という事態です。〈聴き手〉は、こうした事態の顕現に〈語り手〉の下人に対する批評を見出すことができると言うことができます。

しかし、老婆の言葉自体はカギ括弧表記によって直接話法で示されています。定稿にて、それまで間接話法で示されていたものがそのように改稿されたのですが、このことに注目すると、二つ目の問題が現れてきます。〈語り手〉は老婆の言葉を直接話法にしたのですから、間接話法に取られてしまう地の文の言い回しを削除すればよかったのですが、そのようにはしていません。おかしいということがまず問題になります。直接話法に注目すると、「食物連鎖の場」の「老婆」の言葉が人間的倫理の中に回収されてしまいます。老婆の言葉自体から、他者性が剥落され、了解不能性が消去されてしまいます。老婆が悪いことをしたやつは悪いことをされても許してくれる、と言っていることになるからです。これは秩序内の言葉になってしまいます。

それだけではありません。どちらにしても老婆の、死人の毛を引き抜く行為は自らが危険にさらされることのない行為であり、相手から逆襲される恐れがありません。老婆は生者と生者の抗争の中で生きる糧を得ているわけではないのです。老婆の行為は人間的倫理には反しているということはできますが、老婆の生が直接的に脅かされてはいません。問題の極限性が回避されてしまっています。下人の、老婆に向けて放った「きっと、そうか」に根拠を与えてしまいます。

こうした事態の曖昧さに対処することを〈生身の語り手〉は放置してしまっているのです。話法の曖昧さは〈語り手〉の世界観認識に対する曖昧な態度と同調しています。これが間接話法と直接話法の混在という事態に胚胎している問題です。〈語り手〉は下人を批評しているのですが、老婆の行為の非極限性によって批評は弱められてしまっています。視点人物としての下人と対象人物としての老婆の関係の他者性が曖昧なのです。下人が了解不能の《他者》としての老婆と向き合って、そうした対象を〈わたしのなかの他者〉としてしまっているとは言えません。このことは下人が老婆の着物を「引剥」して去るという事態に端的に現れています。下人も生者と生者の抗争を生きていこうとしていません。下人も、そして〈語り手〉も問題を自覚していません。〈語ることの虚偽〉という事態が曖昧にされてしまっています。対象人物の老婆が視点人物の老婆に切りかえられても、こうした事態は解決されることはなかったのです。このことは、この作品の〈近代小説〉としての質を問うことになります。

Ⅱ　教材価値／学習価値

〈語り手〉が、下人の、老婆に対する「認識の闇」を批評していることについて、①「あらすじ」、②〈語り手〉による象徴的表現、③〈語り手〉による動物の比喩表現、④〈語り手〉の露出、⑤〈語り手〉によるフランス語表現、時間単位の表現などを使用し、このことによって、「老婆」の世界観認識と「下人」の世界観認識の違いが明らかになります。⑥結末の一文「下人の行方は、誰も知らない」が〈語り手〉の下人に対する批評になっている、と同時に下人の問題が〈語り手〉自身の問題に反転していくというように捉えることができます。また、⑦〈語り手〉による老婆の言葉の表現の仕方に注目して、下人に対する老婆の他者性の弱さという問題を掘り起こしていくことができます。学習者は、こうした問題を、「羅生門」における〈わたしのなかの他者〉と到達不可能な、了解不能の

《他者》の問題として考えることによって、〈世界像〉の転換に何が求められているのかという課題に向き合っていくことになります。このことは〈近代小説〉とは何かを考えていくことと共に進められていきます。こうしたことによって、「羅生門」の学習が国語科教育の「目的」に深くかかわっていきます。

付記　芥川龍之介「羅生門」は、大正四年十一月に初稿が雑誌『帝國文學』に発表され、大正六年五月に再稿が単行本『羅生門』に収められ、大正七年七月に定稿が単行本『鼻』に収められるというように書き直されている。国語教科書には単行本『鼻』収録の定稿が収録されている。作品の引用は青空文庫による。

授業構想

「羅生門」の授業構想

難波博孝

Ⅰ 「羅生門」でつけるべき力（目標）

最初に、「羅生門」でつけるべき力、学習目標について、教材研究を受けて確認しておきます。まず、私は、あらゆる学校（国語科を含めた）の授業は次の「教育の目的」を持つべきだと考えています。これは、新学習指導要領では「人間性等」とも呼ばれるものであり、本書の総論では〈価値目標〉と述べるものです。

教育の目的（人間性等）〈価値目標〉

○「（自己や他者、世界を）問い続ける存在となる」

次に、「羅生門」でつけるべき国語科の目標（教科の目標）を示します。国語科の目標は総論で述べたように、「学びに向かう力」（〈態度目標〉）・「思考力・判断力・表現力等」「知識・技能」（〈技能目標〉）に分かれます。これらの教科の目標は、作品研究や教材研究の成果に立ってつくられています。

単元（題材）目標

(1) 学びに向かう力〈態度目標〉

○「羅生門」という作品が読者にどのような問題を提起しているのかについて探求する。

(2) 「読むこと」の「知識・技能」

○〈語り手〉が、フランス語や現代の時間の単位をとり、登場人物を比喩表現で語っている箇所があるが、それらからどのようなことが分かるか、考える。

(3) 「読むこと」の「思考力・判断力・表現力等」AB

A 下人の行動と心理の変容を把握し、京の町に消えるまでの出来事を捉える。

B 最後の一文が「下人の行方は、誰も知らない」となっていることは、〈語り手〉にとってどのような問題となるのか、考える。

B 下人の、老婆の言葉の受け止め方の問題について、〈語り手〉の語り方（間接話法と直接話法の混濁）の問題として、考える。

Ⅱ 「羅生門」の単元提案（全六時間）

本単元提案は、三つのレベルの単元を合わせて示しています。最初は共通していますが、途中から三つに分かれます。学校の実情、あるいは学級実態に合わせて選択していただきたいと考えています。

プランａｂｃ共通

第０次……「学びに向かう力」形成／「教育の目的」への誘い

第０次とは、教科書本文を読む前の、準備の段階です。まず、芥川龍之介の生涯の年表・作品歴と「羅生門」が書かれたころの芥川龍之介や社会の様子および、「羅生門」前後に書かれた主要作品のあらすじ、結末も含めて三回改稿されたことなどが掲載されたプリントを配布します。また、そこに掲載された作品の幾つかを読むこと（場合によっては本文を配布する）も勧めておきます。この第０次は、単元の直前ではなく、「羅生門」に入る半月から一カ月前に行っておくと効果的です。

プランａｂｃ共通

第一次（一時間）……範読とナゾの提出／「学びに向かう力」と「知識・技能」形成

この時間では、まず「羅生門」の映画の一部を鑑賞します。これは作品「羅生門」そのものではないが、羅城門を取りまく空気を伝えているので、これを作品「羅生門」を読む導入とします。次に、重要語句、漢字、難語句の説明がついた本文プリントを、それらの語句を説明しながら範読する、いわゆる着語（じゃくご）の教師音読を行います。これは、理解の妨げになる語彙などを、文脈を損なわずに文章全体を理解させるためです。また、耳から語りを聞くことで、最初の全体的な印象をつくるものでもあります。最後に、「羅生門」を読んでいく中で解きたいナゾを書かせ提出させます。ここから、三つのプランに分かれます。

プランa

第二次（三時間）……「知識・技能」形成↓「思考力等A」形成

第二次一読目（二時間）……人／事を読む、ナゾを決める

まず、登場人物を確認したうえで、あらすじ一文要約（「○○のAが、△△なBと出会って、□□のAとなる話」という一文に要約する）を行います。一文に要約させることで、出来事と登場人物の心情をざっくりおさえることができます。ここでは、「○○の下人が、△△な老婆と出会って、□□の下人となる話」という形でまとめさせるようにします。

次に、語り手と人物の役割音読（語り手役は教師が終始読む。人物役の生徒はその人物の行動と言動のときに、語り手の音読に重ねて読む）を行います。これにより、語り手の世界と登場人物の世界の分離と、語り手によって登場人物の世界がコントロールされていることについての意識化を行わせますが、プランaでは、語り手の意識化はこの音読に留めます。

その次に、第一次で提出した「羅生門」についてのナゾの一覧表を確認し、その中で個人として解

きたいナゾ、グループで解きたいナゾ、そして、クラスとして教師が解いてほしいナゾ（生徒の中にあれば合わせてそのことを伝える）を決めます。クラスで解いてほしいナゾとは、

○語り手は、下人の行方を知らないのかどうか（ナゾⅠ）

あるいは

○下人は盗人となったのかどうか（ナゾⅡ）

とします。プランaでは、ナゾⅡを中心に単元を進行します。

最後に、クラスを幾つかのグループに分けジグソー学習をします。それぞれのメンバーを「下人」担当、「老婆」担当に分けます。次に、「下人」担当、「老婆」担当の課題別グループに分かれてそれぞれ集まります。課題別グループでは、それぞれの対象を作品から調べ、次のような表にまとめていく活動をします（下人の例）。

下人	
服装	
身分／状況	
言動／行動の変遷	
心情の変遷	
人物像	

第二次二読目（一時間）……関係を読む

課題別グループに分かれて調べた表をジグソーグループに戻って持ちよります。それらを共有し、二つを連結した表にまとめます。それを受けて、次のような図の下人・老婆の人物関係図をつくります。

これは、物語の最初、中ごろ、最後、の三枚をグループで共同してつくります。それぞれの矢印には、人間関係を簡潔に表した言葉を書き込みます。

各ジグソーグループでつくり上げた三枚の図をクラス全体で共有し、どのグループの図が一番ふさわしいかを話し合います。

第三次（二時間）……「思考力等B」「人間性等」形成

前時につくった、下人と老婆の人間関係図をもとに、〈ナゾⅡ〉の「下人は盗人となったのかどうか」について話し合います。下人と老婆の関係の変容を根拠にしながら各自が考え、グループ討議→クラスでの討議と進み、最後に自分の考えとその理由を書きます。

そのあとで、「羅生門」に出てくる語り手を示し、その語り手が、下人と老婆をどうみているかを叙述からおさえ、今後小説を読むときは語り手にも留意するように伝えます。

下人⇄老婆

最後にまとめとして、最初に書いたあらすじを手直しし、あらためて「〇〇の下人が、△△な老婆と出会って、□□の下人となる話」に加え、「〇〇の老婆が、△△な下人と出会って、□□の老婆となる話」も考えさせて交流し、最後に自分の考えとその理由を書いて終わります（このプランaは、語り手概念が未形成のクラスに向けています）。

プランb（第一次までは、プランaと同じ）

第二次（三時間）……「知識・技能」形成→「思考力等A」形成

第二次一読目（一時間）……人／事を読む、ナゾを決める

基本的にプランaと同じですが、クラスで解いてほしいナゾは、

○語り手は、下人の行方を知らないのかどうか（ナゾⅠ）

とします。

クラスをいくつかのグループに分け、ジグソー学習をしますが、プランbでは、それぞれのメンバーを「下人」担当、「老婆」担当、「語り手」担当に分けます。次に、「下人」担当、「老婆」担当、「語り手」担当の課題別グループに分かれてそれぞれ集まりプランaと同じ学習をします。

第二次二読目（一時間）……関係を読む

課題別グループに分かれて調べた表をジグソーグループに戻って持ちよります。それらを共有し、三つを連結した表にまとめます。それを受けて、上のような下人・老婆・語り手の人物関係図をつくります。これは、物語の最初、中ごろ、最後、の三枚をグループで共同してつくります。それぞれの矢印には、人間関係を簡潔に表した言葉を書き込みます。語り手への矢印はなく、また、語り手からの関係が分からないところは空白にしておきます。この段階で、下人と老婆が互いにどう考えていたかだけではなく、語り手が両者をどう見ていたかを考えていきます。

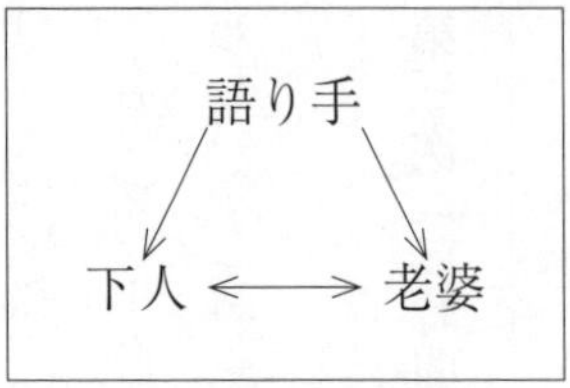

語り手
↙　↘
下人 ⟷ 老婆

第二次三読目（一時間）……語りを読む

	年齢	身分・状況	服装	容姿（直接，直喩）
老婆	（年老いた）	（食べるに困っている，着の身着のまま？）	檜皮色の着物（一枚のみ）	背の低い，痩せた，白髪頭の，猿のような，猿の親が猿の子の虱をとるように，弩にでも弾かれたように，鶏の脚のような，唖のように，肉食鳥のような，鴉の啼くような，蟇のつぶやくような，つぶやくような，うめくような，鋭い眼
下人	（若い）	主人から暇を出された	山吹の汗衫 紺の襖 聖柄の太刀	面皰，短い鬚，猫のように，守宮のように，「頭身の毛も太る」ように，老婆の床に挿した松の木片のように，嘲るような，噛みつくように，Sentimentalisme

この三読目では、改めて、語り手が下人と老婆をどう表現して（語って）いるかをみていきます。ここでは、上のような表で、語り手が下人と老婆をどう表現しているか（評している＝思っているか）をまとめさせます。その際、比喩（特に直喩）に注目させるように伝えておきます。

この表から明らかなように、語り手は下人と老婆を対等のものとは語っていないことを説明します。また、老婆の話す女が生活のために生きているものを騙して商売するという瀬戸際の生き方をしているのに対し、老婆は死人の髪を盗むだけ、さらに下人は、それほど生活上は追い詰められていないにもかかわらず、いわば観念的な理由だけで、その老婆の着物を剥ぎ取るという行為を行ったことも説明します。

第三次（二時間）……ナゾとき／「思考力等B」「人間性等」形成

ここまでの授業をふまえて、最後の一文「下人の行方は、誰も知らない」の〈ナゾ〉について考えます。まず考えられる結論を三つに分け学習者に選ばせその理由を書かせます。

①語り手は知っているが、何らかの理由で「誰も知らない」と言っている。

②語り手も知らないし、何らかの理由で「誰も知らない」と言っている。

③語り手が知っているか知らないか関係なく、余韻を残すための表現として言っている。

次に、①②③のグループに分かれて根拠出し→黒板に板書→全体で発表→討論の流れで授業を行い、個人で最終的な答えを書きます。

最後の一文についての自分の考えと理由、根拠となる叙述をホームページにアップする準備を行い、ホームページにアップします。その際、相手意識として、日本の全ての高校一年生およびそれを教えている教師、近代文学研究者が相手であるという意識を持たせるようにします。

プランc（第二次の三読目の一時間目までは、プランbと同じ）

プランcでは、プランbの第二次にもう一時間加わります。

第二次三読目の二時間目（一時間）

この時間では、語り手を超えた語り手（＝作者）とのかかわりで作品を考えます。まず、「羅生門」最終部分の原稿の変遷を伝えます。

「下人は、既に、雨を冒して、京の町へ強盗を働きに急ぎつゝあつた。」（大正四年）

「下人は、既に、雨を冒して、京の町へ強盗を働きに急いでゐた。」（大正六年）

「下人の行方は、誰も知らない。」（大正七年）

この変遷に込められた、作者の思考の変化について、同時代の他の作品とも関連させながら考えさせます。盗人になることがぼやかされていくように語られていっていることを確認します。

第三次（一時間）……ナゾとき／「思考力等B」「人間性等」形成

ここまでの授業をふまえて、最後の一文「下人の行方は、誰も知らない」のナゾについて解決を図ります。まず、第０次で行った、「羅生門」執筆当時、および改稿当時の履歴と執筆作品をおさえます。当時芥川が何を考えていたのか、概略を教えます。そのうえで、考えられる結論を三つに分け学習者に選ばせその理由を書かせます。

①語り手は知っているが、何らかの理由で「誰も知らない」と言っている。
②語り手も知らないし、何らかの理由で「誰も知らない」と言っている。
③語り手が知っているか知らないかは関係なく、余韻を残すための表現として言っている。

次に、①②③のグループに分かれて根拠出し→黒板に板書→全体で発表→討論の流れで授業を行い、個人で最終的な答えを書き、プランbと同様にホームページにアップします。

付記　作品の引用は青空文庫による。

舞姫

森鷗外

『舞姫』の〈語り手〉「余」を相対化する〈機能としての語り手〉―二人の女性と識閾下の太田豊太郎―

田中　実

Ｉ　『舞姫』の〈読み方・読まれ方〉

(1)　二つの〈読まれ方〉

この作品はこれまでおおよそ、「まことの我」に目覚めた日本の若き官吏である留学生が西洋の踊り子との恋愛を国家の論理に阻まれ、図らずも裏切り帰国せざるを得ない、一言で言えば、覚醒した近代的自我が国家と対立して挫折する、個人と国家の二項対立の悲恋の物語と読まれ、さまざまに分析、解釈されてきました。

八〇年代初頭、ポストモダン初期の運動、「物語の構造分析」の一つ、都市論の旗手、前田愛の「BERLIN1888」(『都市空間のなかの文学』一九八二・一二、筑摩書房)は、これまでの読み方を一新させ、主人公豊太郎がベルリンの大通りウンテル・デン・リンデンからクロステルの路地の奥の迷宮に迷い込み、再び大通りに戻るという、ベルリンの都市空間から主人公の内面を逆照射する読み、「『舞姫』のトポグラフィーは、外的空間から内的空間に入りこんだ豊太郎が、エリスとの共棲生活を経て、ふたたび外的空間に帰還して行く図式に要約される」と捉えて、まことに目を見張らされます。が、同時に、作品の物語の内容の基本に関しては伝統的な〈読み〉に回収されていました。その伝統的な読み方を代表するのが三好行雄の「『舞姫』のモチーフ」（『鷗外と漱石―明治のエートス』一九八三・五、力富書房）です。三好はこの作品末尾のエリス発狂を、「どれほど痛切であっても、過去はもう動かない。過去の時間を変えることは不可能であるとの自明の理が、小説の基本的な構造」と捉え、これを「熟慮ののちの決断、醒めた意志の選択によって帰国を決意したのではなく、かれ自身にも制御できぬ瞬時の衝動によってエリスとの別離に追われていったのである。しかも、ことの成りゆきは、みずからの口で別離を告げることも、かれに許さなかった。豊太郎が人事不省の病いにかかり、その間、相沢の口から真相を告げられたエリスが狂を発するという、この信じがたい偶然は、鷗外が構成上の破綻をあえておかしながら試みた意図的な作為である」と大胆な作品批判、『舞姫』批判を展開しました。三好がそう捉えるのは、後に、小泉浩一郎に「エリスは既に「生ける屍」と化し、現実の作者の身に起こったように、もはや太田の跡を追って日本にやってくる可能性はない。（中略）その意味で『舞姫』が、実質的に過去完了の世界を描く、いわゆる「額小説」もしくは「枠小説」である所以は、動かない」（「『舞姫』『うたかたの記』『文づかひ』解説」『新日本古典文学大系　明治編25『森鷗外集』』二〇〇四・七、岩波書店）とか、山崎一穎「額縁小説」（『森鷗外論攷　続』二〇一七・九、おうふう）とかと呼ばれていますが、それはストーリーを構成したプロットを捉えたに過ぎなかったのです。価値を引き出すには不適切、そうではなく、偶然と見える「構造上の破綻」をそうさせている必然性、〈メタプロット〉の領域こそ〈近代小説〉の〈読み〉の対象であり、その〈メタプロット〉を〈読み〉の対象とするには、客体の対象の文章を客体そのもの（＝〈第三項〉）とせず、読み手に文脈化して現れる現象、出来事とし、これを読む方法に転換する必要があったのです。

(2) 〈語り手〉「余」を相対化する〈機能としての語り手〉

さて、作品の冒頭、小説の現在は明治二二年の初頭、帰国する太田豊太郎の船はセイゴンの港に停泊、向かうべき日本の国家は不平等条約の改正を国是とし大日本帝国憲法を発布し、翌年には第一回帝国議会開催を控えています。大臣天方伯爵の私設随行員として帰国する太田豊太郎はその大臣を後ろ盾にし、「法制の細目」に拘泥する官長らの勢力および国民一般に対し、「法の精神」に基づき、学問上の根源的な問題から芸術文化運動に至るまでの幅広い思想・文化の戦闘的、根源的運動、論争に乗り出していく使命を背負っています。ところが、五年前、目に見え、耳に聞こえるもの全てが目新しく、紀行文を綴っては新聞社に送って得意だった豊太郎がベルリンの大学でさらに学んで三年、日本人がまだ誰も経験したことがないだろう、「奥深く潜みたりしまことの我」、いわゆる近代的自我を発見し、「独立の思想」を持ち、「法の精神」を体得したものの、それが今では感動する心を失った『ニル・アドミラリイ』の気象」を隠し持っています。ここには太田豊太郎の相反する二面性、一方ではこれから祖国日本に近代化を実現するための使命を担うと同時に、他方ではポストモダンを体験した空漠・虚妄を抱え込んでいたのです。知覚する、あるいは認識する客体の対象は、主体の捉えている一回性の客体の対象としてしか捉えられず、客体そのものは捉えられない、すなわち、「きのふの是はけふの非なるわが瞬間の感触を、筆に写して誰にか見せむ」との世界観認識の転換が起こっていたのです。認識することそれ自体が次の瞬間、虚偽となって世界を形成し、「腸日ごとに九廻」するという身体感覚の解体をもたらします。それは、日本人の誰もまだ体験したことのない「まことの我」＝近代的自我崩壊後の未曾有の境地だったのです。通常なら、漢詩や和歌で苦悩する主体をカタルシスできるのですが、そうした感情的なレベルで解決のつかない、まさに、頭では処理できない前人未到の新たな散文の地平が横たわって〈自己倒壊〉を起こしていたのでした。「日記」が空白なのもそのため、特に「日記」は公に通じやすく、書くことは封じられています。今では何を見ても、思い起こすのはベルリンに残してきた恋人エリスのことばかり、その「恨」が自身の中に凝り固まって「懐旧の情」から「概略」を綴り、その「恨」を走り書きする、それがこの『舞姫』の大要です。先走って言っておけば、日本は西洋を範とし、理想の近代国家建設を目指すのですが、既に近代的自我の覚醒と挫折を経験している豊太郎は近代（モダン）を潜り抜け、ポストモダンの混迷に一人直面していると言えるのではないでしょうか。そこで、新たな「作品論」を拓くにはこの太田豊太郎が「余」として自身の出来事を語る生身の〈語り手〉を対象にし、その識閾下を捉える〈機能としての語り手〉を顕在化してこれを読むことが要請されているのです。ここには方法論のレベルには収まらない〈読み〉の原理、グランドセオリーが問われます。

〈近代小説〉を読むにはジェラール・ジュネットの物語論（＝ナラトロジー）の説く「物語言説」が表わしている「物語内容」を語る「物語行為」との相関、その〈語り―語られる〉相関を捉えるだけでは不十分です。何故なら〈近代小説〉の神髄は客観描写を典型にしていますが、主体によって捉えられた客体の出来事は、主体にとっての真実でしかなく、客体そのもの（＝〈第三項〉）は捉えられない、すなわち客観描写にはならないという難問をナラトロジーは問わないからです。〈近代小説〉の神髄を捉えるためには、〈語り―語られる〉相関のメタレベルを問い、そこに未来永劫語り得ぬ了解不能の《他者》が横たわっていることを認める必要があります。これを受け入れて読むところに三好「作品論」を原理論から克服した**新たな作品論**があると考えます。

豊太郎によって語られる「過去の時間」は確かに取り返しがつかず、エリスに治癒の見込みはないのですが、それは再生される録画ではありません。「過去の時間」も「過去の空間」も想起された現在の出来事であり、その意味は主体の一回性によって変容していきます。この「余」の識閾下を抉り出して「余」のメタレベルから「余」を語る〈語り手〉、すなわち〈機能としての語り手〉を捉えていくと、そこには了解不能の《他者》＝客体そのものと対峙し、向き合っているのが見えてきます。

Ⅱ 物語の核心

(1) 母の手紙の文面と「概略」のコンテクスト

物語の前半と後半の狭間、勅裁による豊太郎免官の辞令が発せられ、直ちに日刊新聞『官報』にこれが発表され、母の知るところになりますが、辞令は船で運ばれ、ドイツの公使館に着き、そこで豊太郎は免官を知らされます。一週間の猶予を得ている間、豊太郎を存在意義(レーゾンデートル)とする母からの書状とその死去の去就を認めた親族からの書状が届きます。豊太郎が書いているこの手記の「概略」にはこの母の書簡の文面が、「我生涯にて尤も悲痛を覚えさせ」とあり、**「余は母の書中の言をこゝに反覆する**

に堪へず」とあるのは、「概略」のコンテクストをこれが排除・解体させるからではないでしょうか。五〇歳を過ぎた老母であっても、免官の報に時期をぴったり合わせて唐突に死去することの類を通常の自然死とするのは不自然で出来過ぎ、どちらにしろ、わが子の免官のショックが手紙を認めさせたと最低でも考える必要がありましょう。諫死とすれば、何故わが子の免官によって自らの命まで捧げなければならなかったのでしょうか。

　もっとも亀井秀雄「『舞姫』読解の留意点」（『月刊国語教育』創刊号、一九八一・八、東京法令出版）は、「母の死という悲しい出来事は、物語的展開の深層構造の面からみるならば、母からの解放であって、そのことによって漸くエリスとの性的な関係が可能となったわけである」と指摘、大塚美保「豊太郎の母〈諫死〉説の再検討」（田中実・須貝千里編『文学が教育にできること―「読むこと」の秘鑰―』二〇一二・三、教育出版）は、「母の死と免官が同時に起きることで、豊太郎は自分を待つ人、自分に期待する人を故国に誰ひとり持たない状態に置かれる。〈家〉とも〈官〉とも〈国家〉とも絆を断たれ、かつて予想もしなかったであろう類いの、孤絶と背中合わせのある意味苛烈な〈自由〉が彼に訪れる。それが、ベルリンの陋巷におけるエリスとの愛の生活を可能にする」と述べ、山崎一穎は「このあとすぐに豊太郎はエリスと深い関係になる。これは「母の死」によって頭の上の重い石が取れ、すぐに帰国する必要もなくなったからである」（前掲『森鷗外論攷 続』）と豊太郎の識閾下を看過していません。こう考えれば、母の死は逆にエリスとの関係を許すことになり葛藤や矛盾は起こりません。

　そこで、次の告白を検討してみましょう。

嗚呼、委くこゝに写さんも要なけれど、余が彼を愛づる心の俄に強くなりて、遂に離れ難き中となりしは此折なりき。我一身の大事は前に横りて、洵に危急存亡の秋なるに、この行ありしをあやしみ、又た誹る人もあるべけれど、余がエリスを愛する情は、始めて相見し時よりあさくはあらぬに、いま我数奇を憐み、又別離を悲みて伏し沈みたる面に、鬢の毛の解けてかゝりたる、その美しき、いぢらしき姿は、余が悲痛感慨の刺激によりて常ならずなりたる脳髄を射て、恍惚の間にこゝに及びしを奈何にせむ。（傍点引用者）

母の死とその最後の手紙の文面の衝撃―冤罪をもたらす「弱き心」を強く諌める言葉―は免官の事実と重なって豊太郎を「常ならず」にし、その意識の空白の中、あろうことか、冤罪をもたらしたその元凶の踊り子、タブーの相手を性愛の対象としてしまったのです。しかも日常に戻ったその後も掛け替えのない価値として受け入れていたのです。たとえその瞬間は「恍惚の間にこゝに及びしを奈何にせむ」とその是非を放棄して受け入れてしまったにせよ、**問題はその後、どうして母が自らの命を捨ててまで諌めたこの身分卑しき少女を日常生活を共にするほど受け入れているのか**、そこが問われるのです。「弱き心」はこの〈語り手〉の根幹をなしています。「弱き心」と言えどもその要は、もともと美しい対象への感受性の豊かさのなせる業であり、そのなかでエロスへの傾斜は母にとって無条件の禁止条項になります。母がお家再興と同心円にある国家有用の徒たらんとわが子を躾けしたのは、儒教道徳と一つになった江戸封建体制下の武士の価値観に生きたからです。これに対し、その子は西洋近代の恋愛の意味を知って、自身の捉えるエロスの感性に掛け替えのない価値を付与し、体得していました。恋愛を至上の価値の一つとする西洋近代の文化が「まことの我」の目覚めと重なって豊太郎の内なる地盤となっていた、と思われます。恋愛を近代的価値として生きることが国家有用の徒として生きることと等価という世界観、この西洋の近代の恋愛観に支えられていたのです。母が一人息子の豊太郎に太田家再興を託し得ていたのは豊太郎がそれまで類まれな才子にふさわしい地位であったため、これを全うさせることが母の勤め、豊太郎の唯一の弱点である「弱き心」を諌めるためには母は命を惜しまないのです（すなわち、母は子のため、子は母のためが下支えし、それはこの物語全体に及んでいます）。ならば、豊太郎にとって冤罪の契機をなした相手との関係を続けること自体が禁止行為、いわんやその踊り子と同棲するなど言語道断、母の最後の手紙が諌死による遺書なのですから、「概略」を綴ったエリスとの恋愛関係自体がそもそも母の命の否定、魂まで殺す、人間のなす行為でこれ以上考えられない裏切り行為ではないかとわたくしには思われます。ニヒリストでなければできない業、むろん、豊太郎はそうなりきることはできません。ここから俗に言う、豊太郎の意識を超えた不幸・不運な二枚舌が始まります。

(2)　**『舞姫』の〈読み方・読まれ方〉**

前述亀井・大塚あるいは山崎の説くごとく、母の死がもし豊太郎の深層を解放して自由にし、それがエリスとの恋愛を可能にしていたと考えるなら、己れを縛る国家という自身の外部の論理と全力で闘うことができ、国家と個人の二項対立の図式に収まることができます。すなわち、「常ならず」受け入れた「恍惚」の歓喜を日常生活の生きる価値として選択しながら、なお母の心を生きることは不可能、成立しません。分裂です。そうであれば、これは豊太郎の生を瓦解、解体させ、果ては狂気に陥れます。だから、我々「概略」の読み手は豊太郎の意識の上澄みを読まされることになります。そもそも冤罪による免官を契機に死んだ母が、ベルリンに一人残された豊太郎の心の深層から離れるわけがありません。その全くの逆、いっそう深く「母の教え」であるお家再興と同心円の国家有用の徒たらんとさせられるのです。結果、許容量を超えた深刻な分裂に陥り、それを識閾下に封印させ、これに自らが支配されます。こうして擬態的対応をする虚偽の生を生きる豊太郎の悲劇、不幸が生まれるのです。太田豊太郎は無意識的にも、意識的にも、良友相沢に、恋人エリスに、大臣天方に、そして自分自身に、何より、亡き母の霊に対し、哀しい裏切りを犯し続け、「此の恩人は彼を精神的に殺しゝなり」と綴り、「我脳裡に一点の彼を憎むこゝろ今日までも残れりけり」と書き終えるのです。

豊太郎が「数週」人事不省になる直前、大臣はエリスを連れての帰国を許さなかったのではありません。係累がないという相沢の報告をそのまま信じたのでもありません。当人に確かめながら、太田が自ら係累がないと答えたからです。それを「今はこの糸、あなあはれ、天方伯の手中に在り」と識閾下に自縄自縛されるのです。

(3) 成熟できない豊太郎と成熟するエリス

豊太郎の日常はこの分裂の隠蔽にあります。ロシアに行く際、愛人を天方伯爵の目に触れないよう配慮しており、これについては高田知波「バイリンガルの手記─森鷗外『舞姫』」(『〈名作〉の壁を超えて――『舞姫』から『人間失格』まで』二〇〇四・一〇、翰林書房）に極めて鋭利な指摘があります。豊太郎にとって妊娠したエリスの体は決して余人には見せられない存在なのですが、同時に、家に戻ってエリスを抱きしめた瞬間、「唯だ此一刹那、低徊踟蹰の思は去りて、余は彼を抱き、彼の頭は我肩に倚りて、彼が喜びの涙ははら〳〵と肩の上に落ちぬ」（傍点引用者）とその感触に一切の迷いはなく、恋愛の歓喜がそのまま信じられます。それはエリスの豊太郎への愛の根拠でもあります。エリスにとって豊太郎は父に代わる、言葉の、趣味の、生き方の教師であり、愛する恋人であり、自分の子どもの父親であり、彼女の全てでした。ロシアにいる豊太郎への書簡が証明するごとく、エリスは「否、君を思ふ心の深き底をば、今ぞ知りぬる」と告白できる大人の女となり、豊太郎を日本に帰すため、自分の母親と争い、母にはステッチンの縁者のもとに移ってもらい、天方伯爵に妊娠している自分の存在さえ知らせれば、同行を許し、旅費も出してくれることを承知しています。大臣も、もし、自分の随行員が現地の女性を妊娠させたまま、これを見棄てての帰国を許していたとすれば、大臣のスキャンダルになりかねないこと、エリスも天方伯爵も、豊太郎夫婦を帰国させる現実が見えるところにいます。それに比して豊太郎は識閾下の分裂を抱えていたため、「数週」の人事不省に陥り、そこに案じていた相沢がエリスに帰国のことを意識的に話して結末の悲劇に至る、これらは全てそれぞれ必然の糸に仕掛けられてのこと、偶然ではありません。これに反し、愛の結晶度を高めて生きるエリスは発狂後も、裏切った夫とその子を想って鮮やかな対比をなしています。エリスとの恋愛に生きることは立身出世の妨げにはならない、相沢にも亡き母にも分かってもらう言葉を既にエリスは語っていたのです。それが見えることが豊太郎の内なる病からの脱出の道でした。

Ⅲ 〈語り手〉の〈余〉を超える〈近代小説〉

太田豊太郎の内奥、その識閾下は母とエリスの二人の女性に引き裂かれ、これと向き合うことができませんでした。自己保存の擬態的対応が母の霊をないがしろにさせ、エリスを廃人にし、良友を精神的殺人者と捉えさせるのです。「様々の係累もあらん」と大臣は大人の配慮を示しているにもかかわらず相沢に気を使ってエリスのことを報告することが豊太郎にはできません。この稀代の先駆的な認識者は己れの識閾下の蓋を開けて恐怖と対決しなければ、自身の救済はありえなかったのです。それは狂気と紙一重、この「概略」とは一種のクライアントの自己告白です。ところが、ここには既に大臣やエリスによってこれを克服する具体的で現実的な方策が示唆されていたのです。豊太郎を取り巻く社会状況と彼の立場を熟知する程人間的に成熟していたエリスがなお発狂に追い込まれたのは、愛する夫が他方では日本語の使い手であり、彼女がバイリンガルに囲まれていたためでした。愛する女(つま)を自ら発狂に追い込んだ豊太郎にとってこれから肝心なことは、自らが母の霊とエリスの内面に向かって己れの識閾下を言語化することしかありません。我々読者は「余」をクライアントとしてその〈語り〉を聴き、相対化して、二枚舌の「余」の識閾下を明らかにすることが必須です。「余」を超えて全体を統括する〈機能としての語り手〉は、豊太郎の罪と罰の境界領域を既に描き出しているのですから。

付記　作品の引用は『新日本古典文学大系　明治編25『森鷗外集』』（小泉浩一郎・小川康子・山崎一穎・池田紘一校注、二〇〇四・七、岩波書店）により、ルビなどは略した。固有名詞の表記もこれによる。

教材研究

「舞姫」の教材研究

難波博孝

「舞姫」の表層だけ（物語＝ストーリーだけ）を読むと、「国家と個人に引き裂かれた、哀れな男の話」あるいは「そのような男に翻弄される悲劇の女性の話」と読まれるかもしれません。そして授業でそのように読もうとすることで、例えば男子生徒と女子生徒が対立して授業が面白くなるかもしれませんし、実際、そのような授業が多いかもしれません。擬古文体である「舞姫」が今でも高等学校の授業で実践され教師も生徒も一定の評価をしているのはそのように授業できる可能性があるからかもしれません。

しかし、そのように表層を読んでいるときでも、あるいは、男子生徒と女子生徒が対立しながら豊太郎とエリスを楽しく擁護する議論を授業でしているときでも、教師の、あるいは学習者の心の奥底には、そのようなメロドラマとして読むことに対する抵抗感・違和感、そして、痛さがあります。それが「舞姫」なのだと私は考えます。

ここでいう抵抗感・違和感とは何か。それは、例えば、このような疑問です。「エリスもお母さんをドイツにおいて日本に行くことを承諾し、大臣にもし、そのことを言えば一緒に帰る可能性があったのに、なぜ豊太郎はそうしなかったのか」。これが「弱き心」ということなのかもしれませんが、それなら、これはたまたま「弱き心」を持った明治の超エリートの、どうしようもない話なのでしょうか。

痛さとは何か。それは、自分自身の中にもある「何か」を見つめさせられる、その「何か」へのうっすらとした気付きへの痛さです。「舞姫」を読むとき、豊太郎を、「弱き心」を持った超エリートと突き放して見る、つまりは「他者」として見る、そのことが困難な「自己の一部」を、私は「自己」の中に発見します。それは、この時代に生きていく中でのどうしようもなさと地続きなのです。そのことへのうっすらとした気付きへの痛さです。

Ⅰ　学習課題として（「読み直すこと」に焦点化して）

「舞姫」の豊太郎を、カウンセリングにやってきたクライエントと考えてみましょう。実際そのように想定して行われる実践提案もあるようです（「教育の職人」http://www.pat.hi-ho.ne.jp/nobu-nisi/kokugo/mai09.htm）。

まずざっとクライエントの話を聞きます（一回目の読み）。それから、じっくりクライエントの話を聞くことになります（これが読み直す段階）。素人カウンセラーは、すぐに次のようなこと（これは先に触れたことですが）を豊太郎に尋ねたくなるでしょう。

1　豊太郎にはもっとやりようがあったのではないか（エリスや相澤や天方伯との関係において、「余」はどうすべきだったのか）

あなた（豊太郎）は、大臣から「相澤からは、君には係累がないと聞いているが」と確認されています。作品研究ではこのことについて「大臣も、もし、自分の随行員が現地の女性を妊娠させたまま、これを見棄てての帰国を許していたとすれば、大臣のスキャンダルになりかねない」と述べています。つまり、大臣とエリス（＝国家と個人）の板挟みになる必然は、大臣側にはその根拠はなかったはずです。「あなたが採るべき道はあったのではないですか。なぜその道を採らなかったのですか」と豊太郎に聞いてみたくなります。

2　エリスがあなた（豊太郎）に送った手紙はどういうことだったのか

では、エリスはどうでしょうか。実は、エリスは大人になっていました。作品研究に「エリスとの恋愛に生きることは立身出世の妨げにはならない、相沢にも亡き母にも分かってもらう言葉を既にエリスは語っていたのです」とあるように、エリスは、母と喧嘩してでも母を親戚の家において一緒に出ることを、また旅費についても、大臣に言えばきっと出してくれると言います。これは大人の考えです。エリスは決して感情的に豊太郎に訴えているわけではありません。

以上二つの疑問（学習課題）からは、語り手であり、主要人物である豊太郎の口からではなく、それぞれの登場人物の言動や行動をつなぎ合わせていけば（それがすべて豊太郎の語ったことにしろ、いやむしろ、そうだからこそ）、豊太郎が採るべき道はあったし袋小路ではなかったことがはっきりと見えてきます。では、なぜ、豊太郎はその道を採らなかったのでしょうか。その前に、エリスの最後の姿を確認しておきましょう。

3　豊太郎が帰国すること自体は恐れてはいても想定内であったはずのエリスが、発狂した原因は何か

エリスは言います。「我豊太郎ぬし、かくまでに我をば欺き玉ひしか」と。エリスは、何について、「私を欺いた」と言ったのでしょうか。エリスは、自分がドイツに置いていかれるかもしれないと思っています。しかし、そうならないように、現実的な提案を必死でしています。にもかかわらず、豊太郎は何もしなかった。ただ、「自縄自縛」になり、昏倒したのです。その間に、エリスは相澤から経緯を聞きます。この流れこそ、「欺き」なのです。こんなにも賢いあなたが、なぜそれができないの。心からそう思ったエリスは、世界がそのままなら自分が狂うしかありません。それほどに、豊太郎は、縛られていたのです。では、一体何に縛られていたのでしょうか。

4　あなた〈語り手〉である豊太郎〉は、「母の書中の言」についてなぜ書けないのか。母は何を書いたのか

それは、結論から言えば、母でした。正確に言えば、亡くなった母、あるいは、豊太郎の心の中の母です。豊太郎は言います、「余は母の書中の言をこゝに反覆するに堪へず、涙の迫り來て筆の運を妨ぐればなり」と。しかし、豊太郎の手記は、母からの手紙の前までに、自分の母のことを何度も語

ります。それは、母からの手紙が登場することへの伏線のごとくです。父親を早く失った豊太郎は、母にとっては生きがいでした。そのことをもちろん豊太郎も知っていました。神童であるわが息子が、近代日本の礎になることを母も信じ、子ども（豊太郎自身）も信じていました。

おそらく自死である母の遺書を受け取った豊太郎は、もちろん、そのような母から解放されたわけではありません。母の死後に、母から豊太郎が解放されるためには、母（の存在）が呪縛であると意識していないとありえません。豊太郎は、母を呪縛と意識化できるほど、母を対象化していませんでした。豊太郎は、母の死後も、エリスと深い仲になっても、また、エリスと別れ手記を書いている船中であっても、まだ、自分の母を意識化できていません。「いっそう深く『母の教え』であるお家再興と同心円の国家有用の徒たらんとさせられるのです（作品研究）」。
向き合うべきものを現実世界から永遠に失ったとき、人は、それを乗り越えることが大変困難になります。豊太郎が母を乗り越えるためには、自分の心の中の母を対象化し、それを現実世界にあった母と照合したうえで修正し、それに向き合う自分の姿勢を修正しなければなりません。このエネルギーは大変なものです。特に、小さい頃から母一人子一人、神童で母からも政府からも期待の大きかった豊太郎は、「外物を棄て、顧みぬ程の勇氣ありしにあらず、唯外物に恐れて自らわが手足を縛せしのみ」だとそこは自覚しており、そのようなエネルギーがないことを自白しています。

語り手である豊太郎が、おそらくは、自分を諫め自死した旨をしたためた遺書を書けなかったのは、亡くなった母と真に向き合うことができないことを自ら暴露しているのです。母の手紙を手記に書ければ（ちょうど、夏目漱石「こころ」において、先生の遺書を公にできた「私」が先生を乗り越えようとし実際に乗り越えたように）母を乗り越えるための第一歩である、亡くなった母の対象化ができたかもしれません。しかし、語り手豊太郎はできませんでした。母の死後も、エリスを棄てた船中においてもです。

そのような豊太郎は、このようになります。

5　豊太郎は、「母」と親戚の手紙の直後、なぜエリスと決定的な関係になるのか

豊太郎は、母の死を知る以前に出会っていたエリスとは「この時までは餘所目に見るより清白なりき」でした。しかし、母の死を知った後「余が彼を愛づる心の俄に強くなりて、遂に離れ難き中となりしは此折なりき」となります。それは、自分を呪縛した母から解放された解放感ではもちろんありません。亡くなった母を自分の心の奥底に押し込め、そこから逃げるために、エリスに向かったとも言えます。

もちろん、豊太郎はエリスを愛さなかったわけではありません。国家・学問といったことに、「皆な自ら欺き、人をさへ欺きつるにて、人のたどらせたる道を、唯だ一條にたどりしのみ」だった豊太郎にとっては、エリスとの生活はもちろんのこと、「今まで一筋の道をのみ走りし知識は、自ら綜括的になりて、同郷の留學生などの大かたは、夢にも知らぬ境地に到りぬ」新しい世界観が得られようとしていたのです。エリスとの愛生活は、そのような展望もあり得ました。

しかし、結局豊太郎の心の奥底にしまいこんだ「亡くなった母」は決して消えることはありませんでした。エリス妊娠の際に、豊太郎は「嗚呼、さらぬだに覺束なきは我身の行末なるに、若し眞なり

せばいかにせまし。今朝は日曜なれば家に在れど、心は楽しからず」と語ります。これは、語り手である豊太郎が、そのときの豊太郎を語っているわけですが、両者は全く変わっていないことも見て取れます。しかし、エリスは、胎児を持ったエリスはここからどんどん大人になっていきます。豊太郎のために服装を整えさせ送り出すのです。エリスと豊太郎のこのすれ違いが、エリスの発狂へとつながりますが、その根本原因（亡くなった母とそこにつながる、家と国家の期待）に、船中の豊太郎も気付かないままです。

6 〈語り手〉の豊太郎が日本に帰る船中、「手記」を書こうとする目的はなにか

なぜ、豊太郎は、「手記」を書こうとしたのでしょうか。事態を客観的に見ようとしたのでしょうか。内なる母を対象化しようとしたのでしょうか。そのいずれでもないことは、ここまでの論述で明らかです。

「亡くなった母とそれにつながるもの」を意識の下に押し隠しそこから逃れ、エリスにも大臣にも相澤にも本当のことを言わずにきた豊太郎は、分裂を抱えたままです。その分裂を統合するために、手記を書いているのではありません。現実的な解決策からも逃げた豊太郎ができることは、この事態を、自分自身の側から書き留めることで、何とか自己を保持しようと努めたのでしょう。

カウンセリングの場面でも、教育の場面でも、クライエントや児童・生徒がまだカウンセラーや教師に心を開いていないとき、彼ら彼女らは「用意された物語」を語ることが多くあります。語ることはもちろん虚偽ですが、既に虚偽と分かって語るとき、その虚偽性は二重になります。豊太郎は、自

分の語る物語が虚偽とまでは思っていないかもしれません。しかし、何もかもさらけだし向き合って書こうと思っていないことは明らかです。

しかし、それでも書かざるをえない。書いて楽になりたい。しかし、自分の分裂に気付かず、書くことは、自己の意識化に向き合って書くことは今の彼には不可能であるために、書けば書くほど、蟻地獄に陥っていきます。

7　書かれた「手記」の内容は、「余」が手記を書こうとした目的にかなったものになっているのか

だから、彼の手記は、彼が書こうとした目的を達成することはありえません。優れたカウンセラーや教師は、この「用意された偽りの物語」の奥底に気付きます。クライエントや児童・生徒の言葉の端々に見える表現、口調、表情に、隠された意識下の思い、願いが現れることを知っています。

しかし、そのことに気付くためには、クライエントや児童・生徒が語る「物語＝ストーリー」、及び、意識的に語る語り手＝クライエントや児童・生徒の表面的な思いとは距離を置き、いや正確に言えば、カウンセラーや教師は、その心半分は、彼らの語る物語に耳を傾けその表面的な思いにも共感しつつ、もう心半分は、その奥を見つめる冷静な目を持たなければならないのです。「もうしんどいから、学校をやめたいんだ」と荒っぽく語る生徒の、言葉の端々と表情と口調から、「学校という居場所を手放したくない」という思いを汲み取らなければならないのです。

この作業は、「学校という居場所を手放したくない」という深い思いそのものを当の本人が抑圧し

ているがゆえに、そして、抑圧するほどに深いがゆえに、本人にとっても、カウンセラーや教師にとっても、とても難しいものなのです。

ましてや、豊太郎は、国家と時代と家とを背負っている人間です。それが「亡くなった母」として、彼の意識下に抑圧されたままになっています。「母を背負うこと、家を再興すること、国家を背負うことなどわたしはとてもできない。したくない。嫌だ逃げたい」、そう意識化し対象化し口にすれば、事態は前に進んだかもしれません。しかし、それが恐ろしいほど困難であることは明らかです。

彼の手記からは、その苦しさが、見えています。読み直せばなおさら、向き合うことの非常なる困難さが、見えてきます。

彼の手記は、「楽になりたい」という目的には到底到達できませんでした。しかし、ある意味、目的は達成されているかもしれません。それは、多くの生徒たちに、豊太郎の苦しみを心深く感じさせることができたからです。多少なりとも、生徒たちを、巧緻なる聞き手にしてきたからです。

Ⅱ　教材価値／学習価値

「舞姫」の教材価値については、「作品研究」で既に述べられたように、「『まことの我』に目覚めた日本の若き官吏である留学生が西洋の踊り子との恋愛を国家の論理に阻まれ、図らずも裏切り帰国せざるを得ない、一言で言えば、覚醒した近代的自我が国家と対立して挫折する、個人と国家の二項対立の悲恋の物語」ではなく、「まことの我」の発見とこれを相対化することによって見える虚妄のかたちが描かれた小説というところにあります。国と家の威信を背負った豊太郎が、エリスに伴われて「まことの我」を発見するにもかかわらず、その奥底にある（亡き母からの、あるいは亡き母への）執着を意識化できず、問題に向き合わないままエリスを狂わせる、そしてそれに対する自分の罪にも向き合わない、二周先の近代人の姿を描いているのです。

そのことが、読者の心には、意識せざる痛みとして現れてきます。ここが「舞姫」の学習価値の出発点になります。前に述べたように、「舞姫」は、豊太郎というクライエントがカウンセラーである学習者の前に現れて、過去を告白するお話と捉えることができます。しかし、そのお話は、「用意された表層の物語」、自分の心の奥と向き合っていない「弱き心」がつくり出した「虚妄」の、自己弁護の物語です。

カウンセリングに慣れていない（つまりは、読むことが得意ではない）学習者も、物語の刺激性によって参加・同化をすることができます。そして参加・同化しつつ、語り手である告白者豊太郎の告白の虚妄に気付くことができるようになっています。「舞姫」は、はじめから、カウンセリングが慣れていない（つまりは、読むことが得意ではない）学習者にも、「語ることの虚偽」が見えるようにつくられています。

学習者は、物語に惹かれ、「虚偽の語り」に抵抗感・違和感を感じつつ、しだいに、自分の心の中に痛さをも感じるようになっていきます。それは、「自分の中にも豊太郎がいる」という痛さです。もちろん、明治の超エリートが置かれた時代/社会状況と安易に重ねてはいけないかもしれません。しかし、豊太郎が二周先であるなら、私たちや学習者がまさにその二周先の近代人の可能性が高いのです。つまり、近代（その場＝ファクトの時代）が発展し、ポスト近代が現れ（一周先＝何でもありの時代）、その先の、ポストポスト近代（二周先＝ポストファクトの時代）に生きる私たち＝学習者は、豊太郎のなれの果てなのです。

「舞姫」は、高校三年生で実践されることが多いでしょう。高校最後の学年にこの小説を読む価値は何でしょうか。それは既に「二周先」の社会に出ていかざるをえない生徒たちに、自身の「弱き心」の奥底を見つめさせ向き合わせる力を奮い起こさせることではないでしょうか。豊太郎に対して「クズ！」と言葉を投げつける怒りをまずは持たせたうえで、その「クズぶり」がなぜこの超エリートに起こってしまったのか、その自縄自縛ぶりは、私たちの日頃の生き方の誇張的な戯画ではないか、と導いていくことにより、「クズ！」と罵った怒りが、自身の「弱き心」の奥底を見つめさせ向き合わせる力となるのではないかと考えます。そして、そのように願って作者は書いたのだと私は考えます。

付記　作品の引用は青空文庫による。固有名詞の表記もこれによる。

「舞姫」の授業構想

齋藤知也

Ⅰ 「舞姫」でつけるべき力（目標）

教育の目的（人間性等）〈価値目標〉

○「（自己や他者、世界を）問い続ける存在となる」

単元（題材）目標

⑴ 学びに向かう力〈態度目標〉

○「舞姫」という作品が読者にどのような問題を提起しているのかについて学ぶ。

⑵ 「読むこと」の「知識・技能」

○ベルリンの「余」と、それを日本に帰る船中で語る「余」の双方が表れていることの意味を問い直す。

⑶「読むこと」の「思考力・判断力・表現力等」AB

A「余」と「エリス」の関係性について、それぞれの「母」との向き合い方に着目して、問い直す。

B〈語り手を超えるもの〉を構造化し、「余」の〈語り〉(手記)の問題点を、考える。

Ⅱ「舞姫」の単元提案(全一四～一八時間)

第0次……「学びに向かう力」形成／「教育の目的」への誘い

この教材は、初めて出会う高校生たちにとっては半ば「古典」のように見えます。しかし根気強く読めば、「余」が抱え込んでいる問題の中に現代を生きる自分と共通するものも感じるようです。動機を育むためには、明治期の日本と現代を繋ぐ回路が必要です(一方では現代の地点からだけでは切り取れないこの時期特有の問題をふまえさせておく必要があります)。その際、作品中に現れる「明治廿一年の冬は來にけり」という当時の日本の状況を把握しなければなりません。明治維新後、欧米文化・制度の輸入により近代化を図る過程にあり、「大日本帝国憲法」の公布は明治二二(一八八九)年です。「余」が官費留学生として派遣されたのも近代化を進めるためであり、ベルリンでの経験を経て帰っていくのははるかに遅れた日本、「余」はその中で啓蒙的な役割を強く期待されるはずです。ベルリンでの出来事だけでなく、船中での語る「余」を捉えるためにも、日本史で学んだことも想起させ、以上のことを押さえることが大切です。鷗外や漱石が、ヨーロッパに派遣されていたことにも触れておくとよいでしょう。

第一次（四〜六時間）……「学びに向かう力」と「知識・技能」形成

通読し大意をつかむための時間ですが、教室の現状に合わせて、さまざまな方法が考えられます。オーソドックスな方法は、重要語句や漢字の説明が付いた（あるいは自身で調べさせ記入させる）プリントを補助とし、最初に教師が一時間をかけて全文を範読し、あらすじとして「分かったこと」と「分からなかったこと」を出させることでしょう。その上で「分からなかったこと」を意識しながら、場面ごとに教師が音読した後に生徒にも音読させ、大意を確認していきます。ここでもその場面ごとに、「分からなかった部分」を出させて、みんなでその意味を確認することが効果的です。

もう一つ、重要なことがあります。それはこの小説に、「ベルリンの余」だけではなく、「日本に帰る船中でそれを手記として語る余」が表れていることに気付かせることです。そのためには、例えば、「この小説の舞台はどこ?」という発問が考えられます。多数の生徒は「ベルリン」と答えますが、「日本に帰る船の中も舞台」という反応も生まれてくるでしょう（仮にその反応が生まれない場合は、「冒頭、主人公はどこにいる?」などの追加発問が考えられます）。二つの場所と時間があること、そして「ベルリンの余」は「帰国する船中の余」によって語られていることに生徒が気付いたとき、この小説の「構成や展開」、つまり〈語りの構造〉が見えてきます。ここまできてはじめて、「舞姫」を読んだ「初発の感想」「みんなで考えたいこと（ナゾ）」を書かせて、提出させます。

第二次（八時間）……「知識・技能」形成→「思考力等A」形成

第二次一読目（二時間）……学習者が表出した「初発の感想」や「ナゾ」をどう読むか

まず大切になるのは、教師が、生徒の表出した「初発の感想」や「みんなで考えたいこと（ナゾ）」をいかに読むかです。表出されたものの中にはそのままの形で「みんなで追究したい課題」として位置付けられるものもありますが、大切な要素を含みつつもその言葉のままでは、全体の学習課題にならないものもあります。感想内に含まれる学習者の深層の問題意識を、授業者が拾いあげ、他の学習者が提出した感想との位置関係を把握できるかどうかがポイントです。つまり、授業者には学習者の「初発の感想」を読む力と、それを他の学習者や授業全体との関係を考えながら、より適切な「問い」へと修正する力が求められるのです。その際、「修正」が「初発の感想」を出した生徒や教室全体に納得してもらえるように（授業者の計画にとって都合のよい「変形」になっていないかどうかも含めて）、意識する必要があります。これには事前の教材研究がどれだけ深いものだったかが問われます。

また、教師が、事前の教材研究で用意していたことだけではなく、自身が気付かなかったことに「初発の感想」で出会える可能性がないかどうか、一人の学び手・読み手の立場で臨むことも大事です。これは、授業の全過程に該当します。

第二次二読目（三時間）……読み深めの観点を設定し、再読に向かう

ここで大切なのは、「生徒の初発の感想」と、〈語り〉の問題を接合させ、読み深めの観点を設定することです。私の経験では先述した経過をふまえれば、初発の感想から多角的な読みが生まれます。

私の実践した授業では、a「『余』はエリスより立身出世を選んだというより、どちらも選べなかっ

たのではないか」、ｂ「ａの問題は自由が重荷になるということであり、近代日本の象徴のようなもの」、ｃ「『余』には大きな問題があるが、自分は『余』を責められない」、ｄ「エリスがひたむきに自分に向かってくるのは『余』にとって予想を超えていたのでは」、ｅ「母親の死は『余』を解放したのか、それともバックグラウンドの崩壊となったか」、などが「初発の感想」としてあがってきました。しかし、ここから先が重要です。

「初発の感想」をクラス全体で共有することによって、問題系が見えてきます（「初発の感想」には表れてこなかったような問題でも、教師の側から考えてほしい問題系を提示することも、当然ありえます）。そのなかから、生徒と教師が共同で「学習の観点」（みんなで考えたい謎）を設定します。生徒の力だけでは「問題系」は見えてきても、それが適切な「問い」の形にならないこともあるからです。例えば、以下の①から⑦のような「観点」を、生徒から出された「初発の感想」から生まれてきたものとして、あるいは教師から考えてほしいこととして、示します。

①〈語り手〉の「余」が日本に帰る船中、「手記」を書こうとするのはなぜだろうか。
②書かれた「手記」の内容は、「余」が手記を書こうとした目的にかなったものになっているか。
③〈語り手〉の「余」が「母の書中の言」について書けないのはなぜか。母は何を書いたのか。
④「余」が「母」と親戚の手紙の直後、エリスと決定的な関係になることにはどんな問題があるか。
⑤エリスが、ロシアに出ている「余」に送っている手紙はどのようなことを意味しているか。
⑥「余」が帰国することは恐れてはいても想定内であったはずのエリスが、発狂した原因は何か。
⑦エリスや相澤や天方伯との関係において、「余」はどうすべきだったのか。

第二次三読目（三時間）……ナゾとき

ここでは二つの段階があります。まず先にあげたナゾに関して、それぞれ考えたことをノートに書き、それを基に発表するという第一の学習課題を設定します。その際、どの叙述から、なぜそう考えたかの理由も書かせます。個々の生徒の中で読みを掘り起こしていくことがこの学習課題の目的です。①〜③は主として〈語り手〉の「余」の問題について、④〜⑦は主として語られた出来事の問題についての問いになっていますが、相互に連関しています。また①〜⑦は相互に繋がっているので、全て考えさせたいところですが、第一の段階では個人が関心を持った問題を中心に考えさせてよいでしょう。書けたらそれを手元において発言させていったり、公表を前提にした文章として改めて提出させることで、クラス全体で共有します（出された意見や読みを一望できるための板書やプリントが重要になります）。

続けて第二の学習課題として、各々から出された意見をふまえて、そこにどのような繋がりがあるのか、個人ないしはグループで観点を相互に連動、再び考えさせ、第二次の意見集約を行い、その上で全体討議もしくは紙上討論を行わせます（直接の話し合いが望ましいのですが、そのためには交流の楽しさを実感させる段階が求められます。他の生徒が書いた意見に自分の考えを書き、また別の生徒に渡していく「紙上討論」はステップとして効果があります）。ここでは意見交換の中で読みを掘り起こしていくことになります。

第二の学習課題では、まず④〜⑦の観点を追求していきます。ここでは、成熟できない「余」と成熟したエリスの対比を、それぞれの「母」との関係性が表れる叙述の対比で考えさせることが必要です。その際、まず、「余」の「母」の「死」の原因をどう考えるかと発問します。なぜなら、相澤と同様、日本にいる「母」も、「余」の免官を報じた「官報」を読んだのではないか、それが原因になっているのではないかという考えが掘り起こされるからです。そこでさらに、「『母』の『余』への手紙には何が書かれていたのだろう?」と問うと、観点③の「母」の「書中の言」を「余」が書けないことと繋がり、手紙には「余」の「弱き心」を諌める言葉が書かれていたのではないか、「母」の死は自殺(諌死)だったのではないかという意見も出てきます。

いずれにしても、内なる「母」を自らに抱え込んだまま、「エリス」と決定的な関係になっていく「余」の問題を浮上させること、さらにその問題をエリスにも相沢にも天方伯にも言わずに、意識の奥に封じこめてしまう問題までを問うことが必要になります(なお、観点⑦「『余』はどうすべきだったのだろうか」も連動させて、再考させていきます。最初の段階では、エリスとの生活を選んでベルリンに留まるか、エリスや子を捨てて帰国するかという二択でしか考えていなかった生徒たちが、「余」は天方伯に本当のことを話すという選択肢をなぜ持てないのかという問いを視野に入れはじめるからです)。一方、エリスの方は自らの母と向き合い、もし「余」が帰国せざるを得ないのならば、「母」を「遠き縁者」に預けて、自分は「余」についていくという決意を固め、「余」が帰国してしまう場合も折り込んで自らの選択を「余」に伝えていることに着目すれば、成熟できない「余」と全く対照的であることに、生徒も気付いていきます。またエリスからは「余」にとっての内なる「母」の問題は見えず、相澤を通して「余」が相澤や天方伯に言っていたことを間接的に聞かされることに着目すると、エリスの発狂の原因をどう読むかは、初読時とは大きく変わっていきます。

④～⑦を考えた上で、〈語り手〉の「余」を問題にする①～③を検討します。「きのふの是はけふの非なるわが瞬間の感觸を、筆に寫して誰にか見せむ」という世界観認識の転換を抱えつつ、「いで、其概略を文に綴りて見む」と「日記」ではなく「手記」として語りはじめたのに（「日記」が半ば公的な意味を持つこと、「手記」はメモであることは授業者の説明が必要です）、「余は母の書中の言をこゝに反覆するに堪へず、涙の迫り來て筆の運を妨ぐればなり」と問題を回避してしまっている点や、最後が相澤を「憎むこゝろ今日までも殘れりけり」で終わることが問われます。エリスに悲劇をもたらした真の原因が何かということ、「余」が相澤や天方伯、母親に対しても裏切りを重ねたことは生徒にも見えてきますが、より大きな問題は「手記」を語る際にも、内なる「母」の問題を〈余〉が識閾下に封じ込めていることなのです。〈語り手〉の「余」は、一方では近代化に向かう日本で自らの使命を果たさねばならないというプレッシャーを抱え、もう一方ではその自らが〈自己解体〉しているという問題を抱え込んでおり、自己を抉りだすために、「手記」を書こうとしたのでしょうが、自己剔抉はできていません（前者の観点をふまえないと、「余」が抱えるプレッシャーを捉えぬまま、現在の私たちの物差しで裁断してしまいます。しかしそれをふまえた上でなら、最も重要なはずの「母」との問題を回避し、原因を相澤に帰し自己弁護することの問題性は現代の高校生にも捉えられます）。また特に、自己剔抉をするのもまた自己であるという難問は、高校生に深く入るようです。

この小説が、自らの内面を「詩」や「歌」ではなく「文」＝散文でいかに語るかという問題を抱え込んでいることを併せて考えさせると、一八九〇年という時期において、擬古文でこの作品が書かれていることとの意味、「近代小説」としての『舞姫』の意義が一層明瞭に見えてきます。

第三次（二～四時間）……「思考力等B」「人間性等」形成

最後に、『作品論』を、自らの読み方がどのような深化を辿ったのかを意識させて書かせます。「手記」を書く〈語り手〉の「余」を対象化するということは、〈語り手を超えるもの〉を構造化することですが、用語の使用は教室の状況に応じて考えます。用語は必ずしも生徒に示さなくても、その領域を読むことは可能です。重要なのは、「手記」を書かなければならない「余」の切実さを捉えつつ、それがなぜ失敗するかを考えさせることです。そうすれば、生徒もまた上から「余」を裁断する立場ではなく、自らが「余」の問題を引き受けることになっていきます。〈語り手を超えるもの〉の「余」への批評を、読者が自分自身を問うことに転化していく読み方の追究が、求められます。

作品論を、生徒全員分、印刷し「作品論集」として配布します。それを自宅で読ませた上、授業で「作品論集」を基にした討議、相互批評を行います。その際、教師自身も「作品論」を書いて一読者として掲載するか、授業で自身の読みを論じて生徒からの批評に付されるようにします。そのことは、教師自身もまた「学び手」であり、「読み手」であり、生徒と共に、授業で自らの読みを構築していったことを示します。また、「作品論」の中には、全体の授業の流れでは、発言できなかったようなことや、授業の流れ自体に対する違和感も含めて表出できるようにしていくことが大切です。そのことで、教師と生徒は、授業過程についても振り返り検討することができるようになるからです。その振り返りや検討が、「教室で読む文化」をつくり出すことに繋がっていくでしょう。

付記　作品の引用は青空文庫による。固有名詞の表記もこれによる。

中島　敦
山月記

『山月記』再考
―自閉の出口／批評の《入口》―

田中　実

はじめに

本稿は拙稿「〈自閉〉の咆哮―中島敦『山月記』」（『日本文学』第43巻5号、一九九四・五、日本文学協会／『小説の力―新しい作品論のために』一九九六・二、大修館書店）の再考です。単行本収録の際、若干の改定を加えたものを以下旧稿と呼びますが、そこでは次のように述べました。

若くして進士の第に登った博学才穎の李徴は「賤吏に甘んずるを潔しと」せず、官を退き、人との交わりを絶って、ひたすら詩作に耽った。「下吏となつて長く膝を俗悪な大官の前に屈するよりは、詩家としての名を死後百年に遺さうとしたのである」。ところが、文名は容易に上がらず、己の詩業に「半ば絶望」し、「貧窮に堪へず、妻子の衣食のために遂に節を屈し」、再び「俗悪な」官吏へ戻ることになった。李徴の自尊心は傷つけられ、「狂悖の性は愈々抑へ難く」、ついに汝水のほとりに宿ったとき発狂、「その後李徴がどうなつたかを知る者は、誰もなかつた」。

この旧稿では本文の鍵括弧に括られた李徴と袁傪の会話部分、これを仮に「甲」と呼び、李徴の長い独白には鍵括弧が消えていますから、これを「乙」と呼び、李徴の肉声「乙」が〈語り手〉の〈語り〉の「甲」を糾合している作品の構造に着目し、「乙」の長い一方的な独白、虎へと変身した根拠を〈自閉〉の秘密にあると自ら解明する、この物語の功罪を論じました。この作品が近代文学研究史や教材研究史では魅力的な傑作と評価されながらも、その長所・魅力こそ実は〈近代小説〉たることを阻んだ根拠だったというアイロニカルな所以を論じたのです。しかし、研究状況は今日までこの〈作品の仕組み〉が十全に受容されておらず、その〈語りの虚偽〉の在り処も突き止められないまま放置されています。それは今日の文学研究がナラトロジー理論（＝物語論）の枠内に留まることと見合っています。何故留まっているのか、それは〈近代小説〉とは何かのジャンルを問わず、その出来事の中の物語内容の分析、ストーリーを構成するプロットの分析と解釈がなされ、プロットをプロットたらしめている〈メタプロット〉に向かわないためです。だとすると、そもそも『山月記』がその物語の根底で対峙しようとしている〝世界とは何か〟も読者の視界から消えます。これによって李徴の自己分析を読者がなぞる・分析するに留まり、作品の〈ことばの仕組み〉への問いも失われます。

I　『山月記』の〈ことばの仕組み〉

そもそも李徴は詩作（＝芸術）に専念し、死後百年に名を残す第一流の詩人たろうとの思いと、そのために妻子（＝実生活）を犠牲にしてはならないとの思いとに引き裂かれ、その分裂の限界で発狂し、気付いてみると、わが身は虎になっていました。それが図らずも旧友袁傪に再会し、自身の身の上を語り始めたとき、世界は李徴にとってまぎれもなく不条理であることを確認し、これを受け入れざるを得ないことを語り、「この気持は誰にも分らない」と他者を拒絶していました。ところが、語り終えた後、自分が生涯名声を求め、執着してきた自身の詩を袁傪の部下に写し取ってもらい、即興の詩を自ら詠んだ後になると、心境は一変します。自分の変身した根拠を、〈自閉〉した自身の心理に求め、不条理から条理へと百八十度転換したのでした。そうなると、今度は「誰かにこの苦しみが分って貰えないか」と他者に己れの心境の共感を求めることになり、語っている李徴がこれまでの自身の内面を自己分析し、自身の識閾下を袁傪に開陳するのです。するとその心理分析のロジックは極めて明晰にして情緒的な魅力に溢れ、見事な冴えを見せています。「尊大な羞恥心」と「臆病な自尊心」の互いの分裂した意識を一語にして剔抉し、その上で「人生は何事をも為さぬには余りに長いが、何事かを為すには余りに短いなどと口先ばかりの警句を弄しながら、事実は、才能の不足を暴露するかも知れないとの卑怯な危惧と、刻苦を厭う怠惰とが己の凡てだったのだ」と解析、その点、周到な自己分析です。その後、今度は自分のなき後の妻子の行く末を思い、末尾、虎という人間に恐れられる猛獣の、且つ痛々しい姿を旧友に見せて旧友の情に感謝し、その安否を気遣い、一幅の絵に収まって消えていくのです。

ところが問題の急所を先に言えば、これは視点人物の鋭い自己剔抉、自己批判は語られていますが、そう自己を見、語っている〈語り手〉「甲」自体にはその認識はいささかも及んでいません。心理学の用語で言えばメタ認知ができない、自家用の用語を使えば、語っている主体の〈自己倒壊〉がないのです。李徴自身によって語られている李徴の自己像は極めて鋭く剔抉され、その姿が自己崩壊・自己瓦解を余儀なくされているのですが、それを語っている主体は堅固、確固としていささかも揺るがず、逆にその自虐的なナルシシズムがエネルギーとなって悲劇的な自己像を謳い上げているのです。さらに重要なのは、この視点人物「乙」のナルシシスティックでヒロイスティックな自己像に、三人称小説の作品の〈語り手〉「甲」も呑み込まれています。ここに『山月記』の〈近代小説〉としての欠陥・弱点があります。しかし、そここそが読者の感情移入を強く誘う所以でもあり、高校国語教科書教材として根強く安定的に採用され続ける結果をもたらしています。『山月記』の研究状況がそこを対象化できないのは、『羅生門』や『走れメロス』の研究状況と同様です（拙稿「〈自己倒壊〉と〈主体〉の再構築―『美神』・「第一夜」・『高瀬舟』の多次元世界と『羅生門』のこと―」『日本文学』二〇一六・八、日本文学協会及び拙稿、「「物語」の重さ、「心」のために―安房直子『きつねの窓』・太宰治『走れメロス』を例にして―」『都留文科大学研究紀要』第81集、二〇一五・三、都留文科大学参照）。

繰り返します。問われるべきはこの作品の「乙」が「甲」を糾合する作品の〈ことばの仕組み〉であり、それは述べてきた「乙」の識閾下の剔抉を鮮やかに果たした、その自虐的自己像の擬態の姿、ミミクリが問われていないこと、これが扇の要、これがこの作品から〝世界とは何か〟、世界解釈の問いを消し去り、不条理との対決を回避させ、心理劇に終わらせたのです。三度重ねて語れば、視点人物の「乙」の〈語り〉を「甲」は他者化＝相対化できていません。李徴に語られた自己像の自虐性が語る主体に擬態化・ミミクリを起こし、語る主体の〈自己倒壊〉を果たせなかった、そのために、読者にごく安全な読み物、エンターテインメントにさせたのです。後述する李徴が写し取ってもらった「詩」に対する袁傪の批評にかろうじて李徴の主体が問われていますが、それはすぐに消えて終わります。これが「甲」の役割だったものを「乙」に一体化されてしまったがゆえです。

中島敦自身は自身の作品のこうした事態を相対化していたはずです。この作品は『狐憑』、『木乃伊』、『山月記』、『文字禍』の順に並べられた『古譚』四作のうちの一つであり、中島は孤立した李徴の変身のドラマも、謂わば、「文字禍」によるもの、文字自体がもたらすものだとし、〝世界とは何か〟、〈近代小説の仕組み〉との直接の戦いはここに繰り広げられていたからです。李徴のナルシスティックな慟哭・嗟嘆は〈自閉〉の虚妄に呑み込まれた〈語り手〉の姿を露わにしたのですから、それはそのまま〈近代小説〉の神髄が開くべき扉として現れてきます。以後中島敦はこの「甲」と「乙」の相克を主題とし、例えば、『悟浄出世』に対し、『悟浄歎異』を重ね、『李陵』に至り、それらは図らずも、〈語ること〉それ自体の虚偽を超えんとした、〈近代小説〉の運命を示しています。そもそもこれを克服すべく鷗外なら、『舞姫』から『うたかたの記』が登場し、〈近代小説〉が誕生したのです(拙稿「〈第三項〉と〈語り〉/〈近代小説〉を〈読む〉とは何か—『舞姫』から『うたかたの記』へ—」『日本文学』第66巻8号、二〇一七・八、日本文学協会)。

Ⅱ 〈自閉〉の構造

李徴の異類に陥る所以を、他人の視線に身をさらすことによって内面が引き裂かれたからだと論じる近代文学研究の論文もありますが、そうした類の読みは『山月記』の視点人物の〈語り〉を読むのではなく、〈読み手〉自身の日頃の体験をそのまま投影しているのです。そうではなく、旧稿では「相手と向き合う前に他人の目を先取りし、己れの内に取り込んでしまう」と指摘しました。強い自己顕示がゆえ、他者との相克以前、自身の中の他者像に脅える繊細さ・脆弱さが李徴の特徴なのです。李徴は詩人としての「第一流」の名声への激烈な欲望と極度の気の弱さとに引き裂かれて鬱屈し内面が抑圧され、やがて限度を越えて発狂、これが虎への変身として現れたのです。名声獲得と「第一流」の詩の成立とは李徴には一体のもの、したがって名声が必要でした。しかし、「第一流」の詩を書くに必須の詩友との切磋琢磨の刺激を避け、才能は鍛えられないまま、名声に憑かれた人生となります。最も身近な他者、妻子という家族との関係においても周囲の人物と同様の関係しか取れていません。妻子を養うという責任感は強く持つが、そこに心の開いた固有の人間関係が取れていないのです。もともと妻子のために心ならずも旧職に服していた情の人、李徴はその妻や子に対し自身の弱さをさらけ出せず、妻子固有の心の働きにも関心を示していません。そこには発狂（＝虎になること）せざるを得ない主体を妻子に見せられず、それに気付きもしないのです。したがって、袁傪と別れる前、妻子の生活のことを頼み、「己は既に死んだと彼等に告げて貰えないだろうか」とその情、思いやりを見せるところに、逆に李徴と妻子の間の対話のなさが現れています。この〈自閉〉のメカニズムは安直に〈読み手〉自身の内面の鬱屈を解放させます。

そもそも〈語る〉という行為は主体に捉えられ、イメージされた何らかの出来事が発話されるのであり、近代文学の私小説の作家たちは知覚する客体の彼方に真実があると信じるがゆえに、自身の言葉の虚偽性、〈語ることの虚偽〉を強く自覚し、これを克服せんとするのですが、後述する漱石の人生観、人生を「底なき三角形」、不条理とする世界観認識を持ち得ません。李徴の場合、人が虎になる世界の不条理を対象化し、これに何故と突きつける主体を持つことはできます。しかし、不条理と向き合い続ける世界観認識を李徴が持てない限り、李徴は自身の知覚で捉える客体の対象世界＝虎の姿に変身した己を相手にするしかなく、そうであれば、自身の意識のレベルでのリアリティーに根拠を見出すことになります。李徴がその中で、つじつまを合わせ、自己陶酔に陥るのは必須、そこには具体的な他者関係を持たず、自身が自身を劈く主体を持てないことが関わっています。

先にも述べたように、最も身近な他人の「妻子」を李徴は固有名詞を持たない無個性の形で語ります。その抽象性に孕む問題こそ『山月記』の〈語り〉の盲点です。〈語り手〉「甲」は自らが語っている李徴の内奥のメカニズムをメタレベルに立って抉り出すことが求められ、肉声で語っている主体を対象化し、批評することが求められていたのでした。

Ⅲ　『山月記』と〈近代小説〉

(1)　「第一流の作品となるのには、何処か（非常に微妙な点に於て）欠けるところ」とは何か

虎になった李徴は「曾て作るところの詩数百篇」のうち、「今も尚記誦せるもの」「長短凡そ三十篇」を袁傪の部下に書き写してもらうのですが、袁傪は「感嘆しながらも漠然と」、「成程、作者の素質が第一流に属するものであることは疑いない。しかし、このままでは、第一流の作品となるのには、

何処か（非常に微妙な点に於て）欠けるところがあるのではないか」と感じます。これをめぐって谷沢永一は「『現代国語』自惚れ鏡」（『電波新聞』一九八一・九・八、『中島敦『山月記』作品論集』二〇〇一・一〇、クレス出版）で、「「非常に微妙」とは理屈で言えぬとの意味であり、その「非常に微妙な点」を割り切れと要求する方が無理なのだ」と現状の指導書及び研究状況を真っ向から次のように見事なほどの明確さで全否定をしてみせます。

昔も今も一流の芸術が成立する「原因」など、決して誰にも解りはしないのである。その間の機微を知っているからこそ、中島敦は単なる暗示以上には踏み込まなかった。それを得々と理論的に解明したつもりの指導書は、真の文学鑑賞の道では百害あって一利なしである。

指導書の書き手たちはそれぞれの研究分野の専門家及びその予備軍、谷沢やわたくし自身の所属している近代文学研究界と別のところにいるわけではありません。詩・芸術とは何か、あるいはそもそも「読むこと」とは何か、すなわち、この研究分野自体が「読むことを読む」という問い、グランドセオリーを持たないのです。谷沢の「『現代国語』自惚れ鏡」は哀惨の内心のつぶやきを問題化しながら、それが自身の論述の中で構造化されず、断片化して投げ出され、さらに肝心要の「一流の芸術が成立する「原因」など、決して誰にも解りはしないのである」と断定しますが、そう断定できるほど、事態は明瞭ではありません。例えば、本書所収の拙稿「羅生門の〈読み〉の革命」で触れたとおり、志賀直哉は『沓掛にて―芥川君のこと―』（『中央公論』一九二七・九、中央公論社）で、芥川の

『奉教人の死』の筋を「仕舞ひで背負い投げを食はすやり方」と批判し、批判を受けた芥川は、「芸術といふものが本統に分かつてゐないんです」との挫折・敗北の言葉を告白せざるを得なかったのでした。「昔も今も」それぞれの芸術家が「第一流の作品」を己が信じる手段で示そうとし、それぞれ抜き差しならぬ内なる必然性を抱えています。二一世紀、ポストモダンの運動が終わってしまった現在、『山月記』研究史上に限らない、近代文学研究史においても、文学の神髄とは何か、何が「第一流の作品」なのか、そもそも何のために何故、文学の神髄が求められなければならないのか、「第一流」の詩を求めて虎になった李徴の〈自閉〉は如何にして超えられるか、こうしたことが問われ求められています。

(2) 〈自己倒壊〉と「末期の目」

そもそも「第一流の作品」とは何か、それは本稿でも、論の核心にならざるを得ないこと、旧稿ではこれを次のように論じていました。ここではその核心の言葉に傍点を振っています。

> 平野謙は「『山月記』の主人公李徴には詩人たらんとするものの悲涼な宿命が象徴されて、ほとんど余すところがない。ここには作者自身に対するふかい自己嫌悪があるが」（『平野謙全集第九巻作家論Ⅲ』昭和50・5、新潮社）と言い、武田泰淳は「旅人をおびやかすその声には『おれの真似をしてくれるな。（中略）そんなおれが、外面的にはどれほど猛々しく見えようと、どれほどやりきれない苦痛のかたまりであることか』と、訴えずにはいられない、自己批判とも自己破壊ともつかない告白がこもっていた」

（『政治家の文章』昭和35・6、岩波書店）と述べた。両氏が「自己嫌悪」及び「自己破壊」を指摘しているのは、李徴の自意識のなかに李徴自身を相殺するような力、声を読み取っているからである。しからば、自己を対象化し、批判していく自己批評の道とは、いかにして可能なのか……。この問題の鍵は李徴の告白＝自己分析が分析に留まっているか、それとも分析する主体そのものを解体させる〈自己倒壊〉を一方で果たしながら、それが同時に己れを生かしていく道に向かっていくかどうかにある。すなわち、自意識の枠で自己分析するレベル、〈自閉〉のなかの自己分析に留まっているか、それともそれを倒壊させ、超越するレベル、〈己れを超えるもの〉を獲得しているかどうか、そこが自己への批評が真に生きるかどうかの岐路であったはずである。

ここで今回傍点を振った三箇所は、〈近代文学〉の研究・批評界全体にかかわり、特に言っておく必要があります。

例えば小林秀雄の「様々なる意匠」（『改造』一九二九・四、改造社）で言う、有名に過ぎるほどの、「批評の対象が己れであると他人であるとは一つの事であつて二つの事でない。批評とは竟に己れの夢を懐疑的に語る事ではないのか！」のフレーズは近代文学の批評のジャンルの一つの準拠枠になっていますが、むしろ「懐疑的に語る」自身を瓦解させるメタレベルを必要としているとわたくしは考えます。『山月記』の〈語り〉のごとく鋭利にして過酷な自虐的な自己分析には逆に認識の罠が待っていて、ナルシシズムを誘発してしまいます。客体の対象である現象を捉えるには主体が主体自体を倒壊させる〈自己倒壊〉という主体の崩壊を果たすことであり、それが「己れを生かしていく道」、このパラドックスを実践することです。そこに川端康成の随筆『末期の眼』(『文藝』一九三三・一二、改造社)の、「あらゆる芸術の極意は、この「末期の眼」であらう」のステージが待っています。この生と死の観念の双方を等価に見るまなざしは、謂わば「近代的自我」をもその外部から見るまなざしです。我々が生きんとして自己の欲望の織物に織り込まれている限り、我々はその織物を総体として見ることはできません。その織物の外部から織り模様を見るためには、生を死と等価の観念で捉えることです。漱石なら、「末期の眼」に匹敵するパースペクティブを鎌倉円覚寺での禅の公案との出会いを恐らく契機にして手に入れました。それは、「人生」(『龍南會雜誌』一八九六・一〇、第五高等學校龍南會)で、「吾人の心中には底なき三角形あり、二辺並行せる三角形あるを奈何せん」に現れており、そう捉える主体は〈自己倒壊〉するしかありません。〈近代小説〉を捉えるには、この世界を「二辺並行せる三角形」という不条理と見る主体を瓦解し、その上で、世界を捉え直すしかない、これが小林秀雄にも李徴にも要請されていたのです。

(3) 批評の《出口》

主体が如何なるものを捉えようとそれは主体に応じて現れた客体の現象です。我々人類は知覚で捉えたことをもとに自ら制作した世界を「現実」として生きていることを受け入れると、了解不能の《他者》=〈第三項〉の領域が、拓(ひら)きます。わたくしはこの了解不能の《他者》が未来永劫、永遠の沈黙であることを批評の準拠枠としています。

李徴の場合、「第一流」の詩人になるためには、自虐的自己分析の後、最も身近だった妻子や旧友袁傪に対する〈自閉〉性に気付く必要がありました。妻子は抽象名詞でしか語られていませんが、そうではなく固有名詞の固有の関係、抜き差しならぬ家族とのかかわり、その心を開きあうこと、袁傪との間にも具体的な言葉の交換の積み重ね、李徴の「詩」の批評や討議、〈対話〉が求められていたのです。それらは自己を対象化する自己分析の鋭利さに留まらぬ、分析する主体それ自体の対象化、〈自己倒壊〉を必要とし、その廃墟から主体を再構築することが、自閉から抜け出す批評の《入口》でした。ここでは〈語り手〉「甲」も李徴の肉声に呑み込まれてしまって、そこに辿り着くことができなかったがために、『山月記』の〈語り〉は「近代の物語」の枠組に留まっているのです。

付記　作品の引用は青空文庫による。

教材研究

「山月記」の教材研究

須貝千里

Ⅰ　学習課題として

(1)　「読むこと」（どのようなことが語られているのか—構成・出来事・語り手と登場人物）

「構成」は、概括的な〈説明〉の〈語り〉の部分とある日あるときの〈描写〉の〈語り〉の部分に分かれています（以下の、出来事Ａが前者であり、出来事Ｂが後者です）。

「出来事」は、次のようになっています。Ａ　隴西の李徴は、若くして名を虎榜に連ね、江南尉に補せられました。しかし、賤吏に甘んずることができずに、故郷の虢略で詩作にふけりました。しかし、文名は上がらず、生活は苦しく、妻子の衣食のために、再び、地方官吏の職に就きました。同輩は既に高位に進み、自尊心は、傷付けられ、狂悖の性は抑えがたくなり、一年後、公用で出かけた汝水のほとりで、失踪します。行方を知る者は誰もいませんでした。Ｂ　翌年、監察御史、陳郡の袁傪が嶺南に使いをしたとき、商於の地に宿りました。その翌朝、袁傪一行は出発しましたが、虎と出会います。その声はかつての友、李徴のものでした。李徴は、袁傪に虎になった理由を「不条理」な出来事として告白し、その上で、「『一つ頼んで置きたいこと』がある、記憶している詩を伝録し、後代に伝えてほしい」と言います。袁傪がこのことを受け入れると、三〇編ほどが詠みあげられます。袁傪は「格調高雅、意趣卓逸、一読して作者の才の非凡を思わせるものばかりである」、「作者の素質が第一流に属するものであることは疑いない。しかし、このままでは、第一流の作品となるのには、何処か（非常に微妙な点に於て）欠けるところがあるのではないか」と感じます。さらに李徴はその場で即興の詩も詠みます。その後、李徴は、虎になった理由を「我が臆病な自尊心と、尊大な羞恥心との所為である」と告白し直します。最後に、李徴は袁傪に「もう一つ頼みがある」と言います。それは、虎になったことは言わないでほしい、妻子の生活の面倒を見てもらえないか、ということでした。袁傪は喜んで意に添いたい旨を答えます。すると、李徴は、「本当は、先ず、この事の方を先にお願いすべきだったのだ、己が人間だったなら。飢え凍えようとする妻子のことよりも、己の乏しい詩業の方を気にかけているような男だから、こんな獣に身を堕すのだ」と虎になった理由をさらに言い直しました。別れにあたって、李徴は再びこの道を通らないでほしい、「故人を認めずに襲いかかるかも知れないから」と言います。袁傪は涙のうちに出発し、再びその姿を見ることはありませんでした。

「**〈語り手〉**」は作品には登場せず、登場人物を三人称で語っています。**主な登場人物**は李徴と袁傪です。Aの部分では〈語り手〉は登場人物の李徴を外部から概括的に語っています。Bの部分の地の文では〈語り手〉が袁傪を視点人物、李徴を対象人物にして語っていますが、「李徴」の会話文では「李徴」が視点人物として、対象人物の「袁傪」に語りかけているように、〈聴き手〉、そして読者には把握されていきます。それだけではありません。この作品では、会話文に「」が付けられているのが三箇所のみで、それ以外の会話文には「」が付いていませんので、長々と語られている李徴の告白が前景化し、作品全体の〈語り〉が機能しなくなってしまっています。この事態が「読み直すこと」で問題になっていきます（その際に、全体の〈語り手〉を〈語り手〉「甲」、李徴の告白の〈語り手〉を〈語り手〉「乙」として、問題にしています。断りのない場合は両者を同時に問題にしています）。

(2)「読み直すこと」（どのように語られているのか／なぜそのように語られているのか）

1　李徴の、誰かに分かってほしい／誰にも分かってもらえない、というジレンマはどのように語られているのか

〈語り手〉「甲」は、「その後李徴がどうなったかを知る者は、誰もなかった」と語った上で、李徴（〈語り手〉「乙」）の立場で「この気持は誰にも分らない。誰にも分らない。己と同じ身の上に成った者でなければ」、「この胸を灼く悲しみを誰かに訴えたいのだ」、「誰かにこの苦しみが分って貰えないかと」、「誰一人己の気持を分ってくれる者はない」、「己の傷つき易い内心を誰も理解してくれなかったように」と語っています。

このことから李徴が、自らが虎になってしまったこととその思いを知る者が誰もいないという事態の中で、こうしたことを誰かに分かってほしいという願い／誰にも分かってもらえないという思いを抱いていることが分かります。しかし、同時に李徴は誰にも、妻子にも自分が虎になったことを知られたくないとも思っています。袁傪には知られてしまいましたが、妻子には最後まで知られたくはな

かったのです。李徴は袁傪との別れ際に「袁傪が嶺南からの帰途には決してこの途を通らないで欲しい。その時には自分が酔っていて故人を認めずに襲いかかるかも知れないから。又、今別れてから、前方百歩の所にある、あの丘に上ったら、此方を振りかえって見て貰いたい。自分は今の姿をもう一度お目に掛けよう。勇に誇ろうとしてではない。我が醜悪な姿を示して、以て、再び此処を過ぎて自分に会おうとの気持を君に起させない為である」と言っています。袁傪をも拒絶して別れなければならないと追い詰められています。李徴の悩みの解決策はなく、ジレンマを生き続けるしかないのです。李徴は自己内対話を繰り返し続けています。こうした事態が逆に打開の道を妨げてしまっています。「飢え凍えようとする妻子のことよりも、己の乏しい詩業の方を気にかけているような男だから、こんな獣に身を堕すのだ」という反省も、「詩」へのこだわりが「名声」への希求である以上、このことが事態の打開の困難さを自ら語ることになってしまっています。「妻子」に対して了解不能の《他者》として向き合おうとはしていません。「詩」に対しても、書くことが了解不能の《他者》の問題と向き合おうとする課題が問われているとは考えていません。「名声」へのこだわり自体が打開を妨げています。〈わたしのなかの他者〉という壁に閉ざされてしまっているのです。そのうち李徴は虎になりきってしまい、ジレンマ自体が消えうせていくのですが、〈語り手〉はこうした事態を批評の対象にしていません。このように李徴〈語り手〉「乙」）の問題は全体の〈語り手〉〈語り手〉「甲」）の問題となっていくのです。

2　李徴の虎になった理由の告白にはどのような問題が隠れているのか

李徴は自らが虎になった理由を次のように語っています。まず「何故こんな事になったのだろう。分らぬ。全く何事も我々には判らぬ。理由も分らずに押付けられたものを大人しく受取って、理由も分からずに生きて行くのが、我々生きもののさだめだ」と、次に「我が臆病な自尊心と、尊大な羞恥心との所為である」と、最後に「飢え凍えようとする妻子のことよりも、己の乏しい詩業の方を気にかけているような男だから、こんな獣に身を堕すのだ」というようにです。

最初の理由は〈不条理〉の告白です。二つ目、三つ目の理由は〈条理〉に基づく説明です。人が虎になったのですから事態は〈不条理〉なのですが、こうした事態を因果関係で、〈条理〉で説明しようとしているところに李徴の自己分析の特質があります。誠実な自己探究であると言っていいでしょう。しかし、この誠実さには了解不能の《他者》という世界観認識が欠けています。〈わたしのなかの他者〉という世界観認識に閉じ込められてしまっています。このことに自分が虎になったことを誰にも知られたくないという思いと同一の閉塞を見出すことができます。李徴は了解不能の《他者》という問題に向き合って生きていくことができないのです。認識は〈わたしのなかの他者〉の内部で深められているに過ぎず、了解不能の《他者》としての〈不条理〉と向き合い、その〈影〉を掘り起こしていこうという志向を欠いているのです。ここに李徴の問題が集約されています。〈語り手〉「乙」のレベルでも〈語り手〉「甲」のレベルでもこうした事態は批評の対象にされていません。

3 李徴の告白と袁傪の対応にはどのような問題が隠れているのか

李徴の虎になった理由の最初の告白は、袁傪が草むらの中の声に対して、「その声は、我が友、李徴子ではないか?」と声をかけ、「懐かしげに久闊を叙した」ことに対応し、李徴が「どうして、おめおめと故人の前にあさましい姿をさらせようか」と言い、しかし、「図らずも故人に遇うことを得て、愧赧の念をも忘れる程に懐かしい」と言っている、こうした事態によって引き出されていきます。二番目の理由の告白は、李徴が「己がすっかり人間でなくなって了う前に、一つ頼んで置きたいことがある」、「曾て作るところの詩数百篇」、「その中、今も尚記誦せるものが数十ある。これを我が為に伝録して戴きたいのだ」、「一部なりとも後代に伝えないでは、死んでも死に切れないのだ」と求めたことに対して、「袁傪は部下に命じ、筆を執って叢中の声に随って書きとらせた」、こうした袁傪の対応によって引き出されていきます。三番目の理由の告白は、李徴の「厚かましいお願だが、彼らの孤弱を憐れんで、今後とも道塗に飢凍することのないように計らって戴けるならば、自分にとって、恩倖、これに過ぎたるは莫い」という「お願い」に対して、「涙を泛べ、欣んで李徴の意に副いたい旨を答えた」という袁傪の対応によって引き出されていきます。

このように李徴の虎になった理由の告白は、李徴に対する袁傪の好意的な対応によって、引き出されていることが分かります。しかし、李徴のまなざしと袁傪のまなざしとが交差し、相互の問題を照らし出すようには語られていません。引き出された李徴の声が自己劇化し、袁傪の声も三人称で登場人物を語る〈語り手〉「甲」の声をも覆ってしまっています。こうした事態が〈語り手〉の批評の喪失という事態を生み出しているのです。

4　李徴の「もう一つ」の「頼み」と「即興の詩」との間にどのような混乱が隠れているのか

李徴は「お別れする前にもう一つ頼みがある。それは我が妻子のことだ。彼等は未だ虢略にいる。固より、己の運命に就いては知る筈がない。君が南から帰ったら、己は既に死んだと彼等に告げて貰えないだろうか。決して今日のことだけは明かさないで欲しい。厚かましいお願だが、彼等の孤弱を憐れんで、今後とも道塗に飢凍することのないように計らって戴けるならば、自分にとって、恩倖、これに過ぎたるは莫い。言終って、叢中から慟哭の声が聞えた。袁傪もまた涙を泛べ、欣んで李徴の意に副いたい旨を答えた。李徴の声はしかし忽ち又先刻の自嘲的な調子に戻って、言った。本当は、先ず、この事の方を先にお願いすべきだったのだ、己が人間だったなら。飢え凍えようとする妻子のことよりも、己の乏しい詩業の方を気にかけているような男だから、こんな獣に身を堕すのだ」と言っています。

李徴は少し前に「お笑い草ついでに、今の懐を即席の詩に述べて見ようか。この虎の中に、まだ、曾ての李徴が生きているしるしに」と言い、袁傪は「下吏に命じてこれを書きとらせ」ています。それは次のような詩です。

偶因狂疾成殊類　災患相仍不可逃
今日爪牙誰敢敵　当時声跡共相高
我為異物蓬茅下　君已乗軺気勢豪
此夕渓山対明月　不成長嘯但成嘷

李徴は「もう一つの頼み」の際に「今日のことだけは明かさないで欲しい」（虎になったことを明

かさないでほしい）と言っていますが、この「殊類」となったことを告白している詩の破棄を「もう一つ」の「頼み」の際に申し出ていません。したがって、「今日のこと」は今後明らかになってしまうかもしれません。しかし、李徴は、そうしたことに危惧の念を抱いていません。ここにも李徴の思考の自己中心性（自閉）が現れています。また「もう一つ」の「頼み」と言いながら、李徴は「君が南から帰ったら、己は既に死んだと彼等に告げて貰えないだろうか。決して今日のことだけは明かさないで欲しい」と頼み、「彼等の孤弱を憐れんで、今後とも道途に飢凍することのないように計らって戴けるならば、自分にとって、恩倖、これに過ぎたるは莫い」と「お願い」をしていることにも同様の自己中心性（自閉）が現れていると言うことができます。しかし、どちらの〈語り手〉もこうした事態を批評の対象にしていないのです。

5　李徴の独白の「」の削除にはどのような問題が隠れているのか

以下の、李徴の告白には、「」が付いていません。

○自分は今や異類の身となっている。……自分と話を交してくれないだろうか。
○今から一年程前、……一つ頼んで置きたいことがある。
○他でもない。……死んでも死に切れないのだ。
○羞しいことだが、……まだ、曾ての李徴が生きているしるしに。
○偶因狂疾成殊類……不成長嘯但成嘷
○何故こんな運命になったか判らぬと、……夜露のためばかりではない。

○最早、別れを告げねばならぬ。……近づいたから、

○だが、お別れする前にもう一つ頼みがある。……恩倖、これに過ぎたるは莫い。

○本当は、先ず、……こんな獣に身を堕すのだ。

○袁傪が嶺南からの帰途には決してこの途を通らないで欲しい。……自分に会おうとの気持を君に起こさせない為であると。

これらの告白の箇所には李徴の思考の特徴と問題点が現れています。既に述べたことですが、〈不条理〉の事態を〈条理〉の問題として思考し、それゆえに、事態を了解不能の《他者》の問題としていくことが排除されているのです。そのことによって、思考自体が問い直され、〈自己倒壊〉による〈宿命の創造〉に向かっていくことがなく、李徴の自己批判は自己肯定に反転してしまいます。それだけではありません。「」がないことによって、李徴の告白の力が読者に強く働きかけてきますが、同時に、こうした事態は全体の〈語り手〉（〈語り手〉「甲」）から批評の機能を奪っていきます。批評の機能が奪われていくことによって、〈近代小説〉の力が発動せず、「山月記」を〈近代の物語文学〉に足踏みさせてしまっています。このことは袁傪の声を弱め、妻子の声を全く排除するという事態を引き出していくのです。袁傪から李徴が逆照射されることが排除されていきます。「山月記」は、李徴のまなざしと袁傪、妻子のまなざしとが立体的に交差するような仕組みを〈聴き手〉に開示していないのです。〈語り手〉「甲」も、李徴の〈語り〉に飲み込まれ、このようにして李徴のものの見方・考え方を絶対化し、〈語ることの虚偽〉の中に囲い込まれてしまいます。了解不能の《他者》としての〈不条理〉の問題に向き合うことが排除されてしまっているのです。

6　袁傪が感じた「このままでは、第一流の作品になるのには、何処か（非常に微妙な点に於て）欠けるところがあるのではないか」とはどういうことなのか

袁傪は、李徴の詠みあげた詩に対して、「成程、作者の素質が第一流に属するものであることは疑いない。しかし、このままでは、第一流の作品となるのには、何処か（非常に微妙な点に於て）欠けるところがあるのではないか」と思っています。

どういうことなのでしょうか。

全体の〈語り手〉（〈語り手〉「甲」）は李徴が「詩家としての名を死後百年に遺そうとした」のだと語り、李徴（〈語り手〉「乙」）は「自分は元来詩人として名を成す積りでいた」、「一部なりとも後代に伝えないでは、死んでも死に切れないのだ」、「今でも、こんなあさましい身と成り果てた今でも、己は、己の詩集が長安風流人士の机の上に置かれている様を、夢に見ることがあるのだ」と言い、袁傪は詠みあげられた李徴の詩に対して「格調高雅、意趣卓逸」と感じています。「このままでは、第一流の作品となるのには、何処か（非常に微妙な点に於て）欠けるところがあるのではないか」とは、その上での袁傪の認識です。しかし、詠みあげられた詩は引用されていませんし、どういうことなのか、具体的に語られていません。かろうじて分かることは、李徴は詩家としての「名声」にこだわり、「妻子」を犠牲にしていたということです。李徴は「詩」に「名声」を求め、その実現によって「詩」と「実生活」の統一が図られると考えていたのです。しかし、そうはならずに李徴の「詩」と「実生活」は引き裂かれています。この自己分裂が李徴を発狂させ、虎となしたのでしょう。このことは〈不条理〉な事態です。李徴はこの〈不条理〉を嘆き、〈条理〉をもって虎になった理由を考えようと

しています。認識が深まれば深まるほど、自己劇化は激しくなっていきます。了解不能の《他者》としての〈不条理〉という事態は排除されていきます。こうした逆説の中にある世界観認識が、袁傪が感じている「第一流の作品となるのには、何処か（非常に微妙な点に於て）欠けるところがあるのではないか」にかかわっているのではないでしょうか。「名声」を求めることが李徴の「詩」から了解不能の《他者》としての「不条理」を排除してしまいます。問題を「条理」として探究すればするほど、事態は自己の絶対化に反転してしまいます。この反転が「虎」になるという事態を引き出していくのです。こうした把握は李徴の認識を超えています。袁傪の認識も超えています。〈語り手〉「甲」の認識も超えています。李徴の自己劇化の激しさは自らを〈わたしのなかの他者〉に封殺し、李徴（〈語り手〉「乙」）は全体の〈語り手〉（〈語り手〉「甲」）を自らの〈語り〉の中に閉じ込め、〈聴き手〉をも閉じ込めていきます。こうした激しさが読者の感情移入を促し、読者にも問題を見えなくさせてしまっています。

では、こうした自閉から解き放たれるために李徴に求められていることは何なのでしょうか。それは、了解不能の《他者》としての〈不条理〉と向き合おうとすることです。その〈影〉と対話しようとすることです。具体的には、李徴には袁傪のまなざしと、何よりも、妻子のまなざしとの交差が求められているのです。〈語り手〉「甲」が〈語り手〉「乙」に呑み込まれることなく、「対象人物」としての「妻子」が具体的な姿と声をもって語られることが必要なのです。李徴には〈自己倒壊〉、〈宿命の創造〉が求められているのです。このことと「第一流の作品」問題とは別のことではありません。しかし、李徴はこうしたことを排除し、自己劇化を促していきます。この事態は作品自体の〈語り〉の自閉性という問題であります。事態を相対化し、批評していくことが求められているのですが、そうしたメタレベルが、この作品においては奪われてしまっています。このことは「山月記」の〈近代小説〉としての達成度の問題です。

Ⅱ　教材価値／学習価値

全体の〈語り手〉(〈語り手〉「甲」)が、李徴(〈語り手〉「乙」)によって、事態を相対化し、批評することができなくなっている事態を、①「あらすじ」、②李徴のジレンマ、③李徴の虎になった理由の告白、④李徴の告白と袁傪の対応、⑤李徴の「もう一つ」の「頼み」と「即興の詩」との間の混乱、⑥李徴の独白の「」の削除、⑦「このままでは、第一流の作品になるのには、何処か(非常に微妙な点に於て)欠けるところがあるのではないか」に注目して掘り起こしていくことができます。このことによって、李徴の世界観認識の問題点と作品自体の問題点を明らかにすることができます。李徴が虎になった問題、李徴の詩が「第一流の作品になるのには、何処か(非常に微妙な点に於て)欠けるところがある」という問題を読者自身の問題として考え、自らの思索を互いに交流することによって、〈わたしのなかの他者〉と到達不可能な、了解不能の《他者》の問題を自らの世界観認識の問題とし受け止め、世界像の転換という課題と向き合っています。このことは「山月記」の〈近代小説〉としての不十分さを見出していくことになり、「山月記」の学習が国語科教育の「目的」に深くかかわっていくのです。

付記　作品の引用は青空文庫による。

「山月記」の授業構想

須貝千里

Ⅰ　「山月記」でつけるべき力（目標）

教育の目的（人間性等）〈価値目標〉

○「言葉の内（＝〈わたしのなかの他者〉）と外（＝到達不可能な、了解不能の《他者》）という事態に向き合い、自己や他者、世界を問い続ける存在になる」

単元（題材）目標

(1)　「学びに向かう力」〈態度目標〉

○李徴のものの見方・考え方の問題を捉え、李徴に求められていることは何か、探究する。

(2)　「読むこと」の「知識・技能」

○会話文を示す「」が削除されていることは登場人物と語り手の関係を考える上でどのような意

味を持っているか、捉える。

(3) 「読むこと」の「思考力・判断力・表現力等」AB

A 李徴の虎になった理由の告白と袁傪とのやり取りを整理し、捉える。

A 李徴の告白に現れている問題とそのことに対する〈語り手〉の捉え方の問題について考える。

B 袁傪が感じた「このままでは、第一流の作品となるのには、何処か（非常に微妙な点に於て）欠けるところがあるのではないか」とはどういうことか、読者の立場で考える。

Ⅱ 「山月記」の単元提案（全一二時間）

第０次……「学びに向かう力」形成／「教育の目的」への誘い（「人虎伝」を紹介するなら一時間）

○「山月記」の文章は漢文調の重厚な文章であることと難解な漢語表現が用いられていることに特徴があります。前者には音読指導で対応し、後者には漢字・語句の指導で対応することが求められています。

○この作品では主人公の李徴が「虎」になるという、現実にはあり得ない出来事が語られています。李徴は「何故こんな事になったのだろう。分らぬ。全く何事も我々には判らぬ。理由も分らずに押付けられたものを大人しく受取って、理由も分らずに生きて行くのが、我々生きもののさだめだ」と語っています。〈不条理〉として、です。私たちはこうした〈不条理〉に対して〈条理〉で説明しようとしがちです。現に主人公の李徴はそのように対応していくのですが、〈不条理〉を〈条理〉

にしてしまおうとすることを、この一見誠実な態度を、問題にしていくことが求められています。

中島敦は中国の李景亮撰の「人虎伝」を基にして「山月記」を執筆しているのですが、この原作には〈不条理〉という要素は見られません。中島が〈不条理〉という要素を「山月記」に持ち込んだのです。にもかかわらず、「山月記」においては、〈不条理〉が〈条理〉に置き換えられていきます。このことは世界観認識、了解不能の《他者》にかかわる問題であり、この問題に李徴も、〈語り手〉も、〈聴き手〉も、そして読者も向き合うことが求められているのです。ここに「山月記」の「読むこと」と「読み直すこと」のポイントがあります。このことを踏まえた学習によって、「山月記」の学習において、「自己や他者、世界を問い続ける存在になる」という「教育の目的」が達成されます。そこで、まず学習者に原作の「人虎伝」を紹介してもいいでしょう。

第一次（二時間）……出会う／「学びに向かう力」と「知識・技能」形成

○主な学習内容……音読、漢字、語句の確認、感想や疑問の提出など。

第一次一時間目

○教師が全文範読します。生徒に音読させるのであれば、事前に指名し、練習をさせておきます。

○範読後、作品に対する感想や疑問を書かせ、回収します。授業後、教師は内容を整理し、「授業構想」に生かしていきます。学習課題（ナゾ）として、「第二次」の一時間目に教師が提起しましょう。

第一次二時間目

○生徒に全文音読させます（大段落ごとか、形式段落ごとか、一文ずつのリレー方式か、いずれでもかまいません）。

○教科書の脚注の漢語表現は読み方と意味を確認します。そのために、それらを記入させる学習プリントを作成してもいいでしょう。教材末の「学習の手引き」の「言葉と表現」「漢字」などにも取り組みます。また、その欄に「注意する語句」なども掲げられていれば、意味を調べます。これらは生徒の調べる学習によって取り組んでいきましょう。

第二次（七時間）……深める／「知識・技能」形成→「思考力等A」形成

○主な学習内容　六つの学習課題（一六九頁からの、A～F）の確認とそのうちの五つの学習課題（A～E）への取り組み、叙述（登場人物　李徴の性格・行動・心理、〈語り手〉と登場人物の相関関係、視点人物と対象人物の相関関係）に即して読み深めていきましょう。

第二次一読目（一時間目）

○教師が、「第一次」の一時間目に書かせた感想や疑問の内容を紹介、整理し、提示します。「山月記」の学習のメインの学習課題とサブの学習課題を、計六つ、教師によって、提起します。簡単なレジュメをつくって配布してもいいでしょう。メインの学習課題（F）は「第三次」の学習課題となります。サブの学習課題（A～E）は「第二次」の学習課題となります。

○「あらすじ」を確認します。そのために、生徒に、形式段落を基本にして区切り、全文音読させます。「あらすじ」の確認事項は①「出来事」、②「構成」、③「〈語り手〉と登場人物」、④「視点人物と対象人物」の四つです。そのために、学習者には全文音読をさせます。聞いているものは、これらに注意し、傍線を引きます。

第二次一読目（二時間目）

○前時間の傍線箇所に着目して、「あらすじ」（四点）をノートに整理します。「出来事」、「構成」、「〈語り手〉と登場人物」、「視点人物と対象人物」については、前掲の「教材研究」を参照してください。

第二次二読目（二時間目）

○ジグソー学習①　学習課題に関するグループ学習です。ここで四つのサブの学習課題（以下の、ABCD）を再び提示します。四人ずつのグループでいずれかを担当します。一つの課題に複数のグループが担当することになります。グループ長も決めて、話し合います。叙述を根拠にして、読み深めていきます。

A　李徴の願いに関する学習課題。李徴の、誰かに分かってほしい／誰にも分かってもらえない、というジレンマはどのように語られているのか。

必要に応じて、「誰」が出てくる箇所を引用し、自分たちの考えと理由をまとめるようにアドバイスします。李徴の何が問題なのか、その問題に〈語り手〉はどのような態度をとっているか、両者に共通しているのは、了解不能の《他者》の問題を隠蔽しようとする志向に縛られているということです。このことに問題を焦点化していきましょう。

B　李徴の性格と自己分析に関する学習課題その一。李徴の虎になった理由の告白にはどのような問題が隠れているのか。

必要に応じて、「告白」の箇所を引用し、自分たちの考えと理由をまとめるようにアドバイスします。〈不条理〉と〈条理〉をめぐる問題、自己否定が自己肯定に反転してしまうことに焦点化していきましょう。

C　袁傪の役割に関する学習課題。李徴の告白と袁傪の対応にはどのような事態が隠れているのか。

必要に応じて、李徴に対する袁傪の対応の箇所を引用し、自分たちの考えと理由をまとめるようにアドバイスします。袁傪の李徴に対する好意的対応が、李徴の自己劇化を招いていること、その事態に対する〈語り手〉「甲」の批評がなされていないことに焦点化していきましょう。

D　李徴の性格と自己分析に関する学習課題その二。〈語り手〉としての李徴の「もう一つ」の「頼み」と「即興の詩」との間にどのような混乱が隠れているのか。

必要に応じて、「もう一つ」の「頼み」と「お願い」の箇所を引用し、自分たちの考えと理由をまとめるようにアドバイスします。李徴の自己中心性（自閉）とそのことに対する〈語り手〉「甲」の批評がないことに焦点化していきましょう。

第二次二読目（二時間目）

○ジグソー学習②　グループごとの説明資料の作成。グループごとに、模造紙一枚とマジック三色を配布し、説明資料を作成します。考え、根拠、理由を色分けしていきましょう。

第二次二読目（三時間目）

○ジグソー学習③　学習課題ごとに発表し、全体で討議。グループごとに発表し、自分が担当したこと以外の発表に質問し、応答しましょう。教師が進行役をします。

第二次二読目（四時間目）

○ジグソー学習④　教師によるまとめと問題提起。李徴の問題と〈語り手〉の問題に焦点を当てます。李徴における〈不条理〉を〈条理〉のレベルで考えましょう。自己中心性などについて叙述を引用しつつ、指摘すること、また〈語り手〉の批評が見られないことに注目することをします。

第二次三読目（一時間目）

E　〈語り手〉をめぐる、あるいは〈近代の物語文学〉と〈近代小説〉をめぐる学習課題。李徴の告白の箇所の「」の削除にはどのような問題が隠れているのか。

これは残りのサブの学習課題Eです。作品を全文黙読させ、李徴の告白の箇所にマーカーで印をつけさせ、事態を確認・共有した上で、意見を出させます。〈語り手〉と登場人物の関係が「」の有る無しでどのように変わるのかに着目して、話し合うこと。「」がないことが、全体の〈語り手〉の李徴に対する批評の声を奪ってしまっていることに注目すること。〈語り手〉が視点人物の李徴にのっとられていることが、どのような問題を誘発しているのか、考えましょう。このレベルに学習を留めると、この作品においては〈語り手〉の批評、〈語り手〉に対する批評が看過されていることが問われることなく、学習が終了します。〈聴き手〉が直面しているのは、〈機能としての語り手〉の位相が不成立である、という事態です。

最後に宿題を出します。「家で一度「山月記」全文を音読してくること。その上で、以下の、メインの学習課題Fについて考えてみましょう」、と。

F「不条理」をめぐる学習課題。袁傪が感じた「このままでは、第一流の作品となるのには、何処か（非常に微妙な点に於て）欠けるところがあるのではないか」とはどういうことなのか。

取り組むにあたってのアドバイスをします。

「このことは作品には直接書かれていません。李徴のものの見方・考え方を、本文を引用して把握し、その上で考えてみましょう。作品の引用→こんな李徴のものの見方・考え方が分かる→だから、『欠けているところ』について、こんなことが言える、というように取り組みましょう。考えたことはメモしておきましょう」

第三次（三時間）……考える／「思考力等B」「人間性等」形成

○主な学習内容……メインの学習課題Fの再提起と解決。

第三次一時間目

○メインの学習課題Fに対して、教室用「ワールド・カフェ」（五〇分版）に取り組みます。

段取り（導入・六分）

1　机を寄せて、あまり話したことのない人と、四人のグループ（国）をつくります。

2　机に模造紙と油性ペン（八本）を置きます。自分の油性ペンの色を決めます。できるだけ派手に演出した方がいいでしょう。

3　グループごとの司会者を決めます。
4　ファシリテーター（教師あるいはカフェの運営者、生徒でもよい）によって、テーマが提示されたら、司会者が模造紙の中央に書きます。

一回目（一二分）

5　一回目を始めます。○時○分から○時○分まで、終了時、右手を上げて知らせます。ファシリテーターがあまり声を出さないことがポイントです。
6　国ごとに、司会者を含めた全員がテーマについて、模造紙にとりあえず思いついた考えを二つ以上、箇条書きします。（二分）
7　ファシリテーターが右手を上げたら作業をやめます。
8　四人は、さらに思いついたことを各自模造紙にメモ（落書き風でも、絵でも、図でもよい）し、話します（ただし、相手に対して批判はしないこと）。（一〇分）
9　ファシリテーターが右手を上げたらやめます。
10　司会者以外は、油性ペンをそこに置き、他の国に行きます。ファシリテーターは他の国のアイディアを持ち帰ってくることが大切、とアドバイスします（各自、別の国に行き、同じ国に行かないこと）。

二回目（一二分）

11　二回目を始めます。○時○分から○時○分まで、終了時、右手を上げて知らせます。
12　移動してきた者は、その国でまだ使われていない油性ペンを選んで使用します。

13　各国に残った司会者が新たな参加者にこれまで出てきた考えを説明します。（二分）
14　ファシリテーターが右手を上げたらやめます。
15　三人は模造紙に使われていない色の油性ペンで書き足し、司会者の話と重ならない考えを話します。司会者も自分の油性ペンで参加します。（一〇分）
16　ファシリテーターが右手を上げたらやめます。
17　司会者を残し、元の国に帰ります。

三回目（一〇分）

18　三回目を始めます。〇時〇分から〇時〇分まで、終了時、右手を上げて知らせます。
19　司会者がそれまで出てきた考えを説明します。（二分）
20　模造紙には元の自分の色の油性ペンで書き足し、戻ってきた者、司会者の順で、一回目に出てきていない考えを話します。（八分）
21　ファシリテーターが右手を上げたらやめます。

まとめ（一〇分）

22　ファシリテーターが各自に三枚ずつ短冊を渡します。
23　各自が「これは」と思う自らの考え（意見・根拠・理由）を短冊に箇条書きします。一短冊一提案、何枚でもいいでしょう。（五分）
24　ファシリテーターが右手を上げたらやめます。
25　各自の短冊の内容を全体で発表します。全員でなくてもいいでしょう。あるいは班内での全員

発表でもいいでしょう。（五分）

26　短冊を教室に掲示します。次の時間までに読んでおくように指示します。

○自分の考えを文章にまとめる時間を取ります（書く時間、四〇分）。

六〇〇字程度で、自分の考え、根拠の引用、考えの理由を述べることを指示します。なお、掲示してある短冊を見にいってもかまいません。時間がきたら、各自の文章を回収します。

第三次三時間目

○教師は生徒のレポートを読んできた上で、事前に作成しておいた簡単なレジュメをもとにして、論点の整理と自らの見解を述べます。李徴における「詩」と「実生活」の問題は「名声」と「妻子」の問題であり、〈語り手〉としての李徴も全体の〈語り手〉もこのことを問題にしていないこと、このことは〈不条理〉＝了解不能の《他者》の問題が排除されている事態であることに焦点化していきます。しかし、李徴（〈語り手〉「乙」）に飲み込まれてしまっている全体の〈語り手〉（〈語り手〉「甲」）はこのことを批評の対象にすることができず、また、このことに対する自覚も欠けていることを押さえていきましょう。そのために、〈近代小説〉としての達成度の問題であることも押さえることが求められています。

どういうことでしょうか。この作品における《他者》の問題は、エセポストモダン（エセ価値相対主義）の猛威に晒されている現代において、きわめて今日的な問題であるということができます。李徴が「詩」＝文学自体の価値と「実生活」＝「妻子」の価値の同一性をめぐる困難を課題とすることができることと、再び「虎」から「人間」に戻ることとは、「不条理」＝了解不能の《他者》をめぐる、同一の問題に直面しているからです。そのためには、全体の〈語り手〉（〈語り手〉「甲」）が、視点人物であり、〈語り手〉ともなってしまっている李徴（〈語り手〉「乙」）から解放されること、〈語り手〉「甲」が問われることが求められています。そうした場所に〈聴き手〉の場所が設定されることが求められています。しかし、「山月記」の〈語り〉はそのようになっていません。

○最後に生徒に自分の最初の疑問がどのように解けたか、新たな疑問は何かを書かせ、授業の振り返りとし、それを提出させます。次の時間にコメントしてもいいでしょう。

付記　作品の引用は青空文庫による。

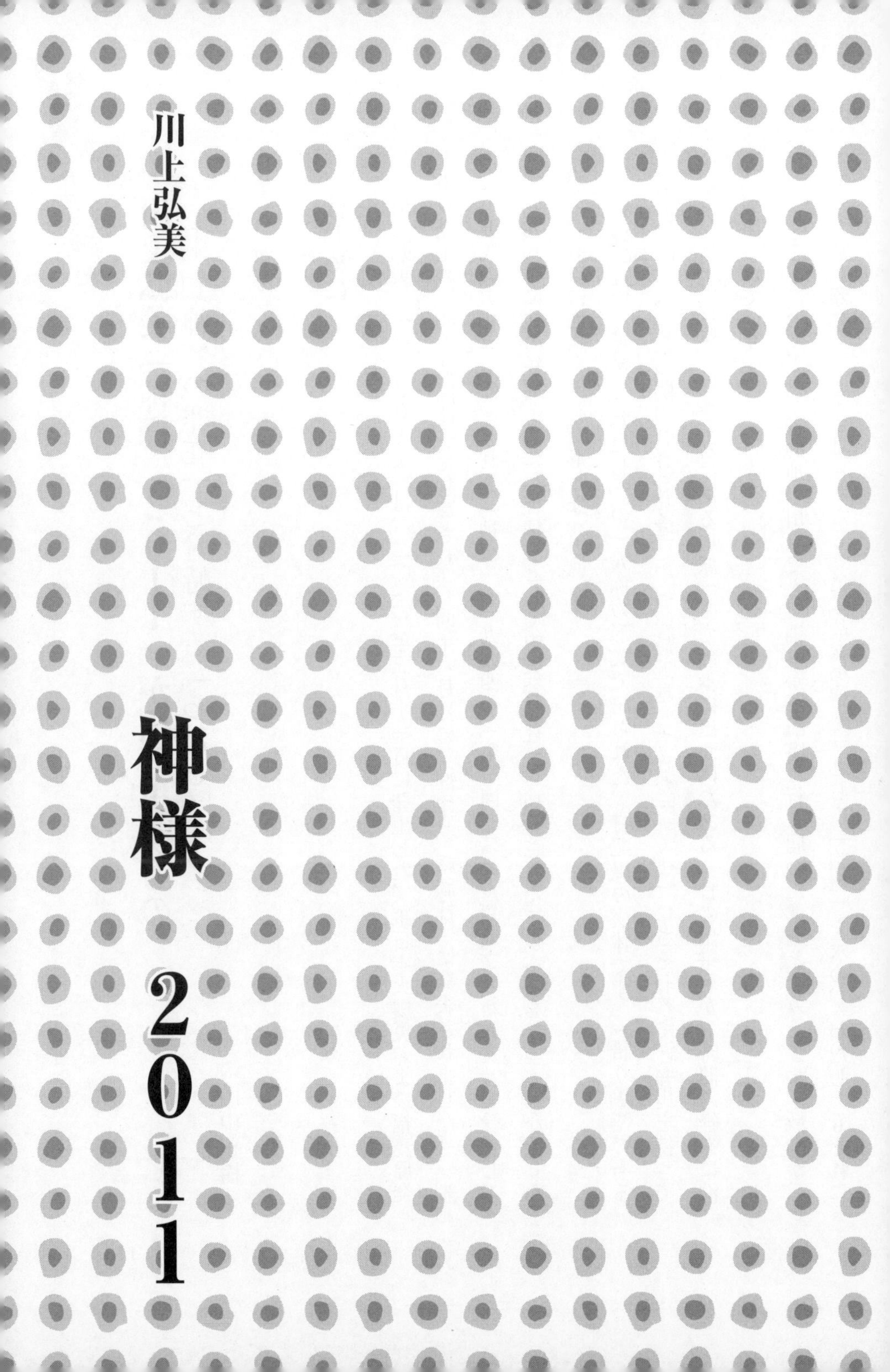
川上弘美
神様 2011

川上弘美「神様　2011」が描き出すもの
―「《神》の非在」と対峙する「わたし」―

山中正樹

はじめに

川上弘美「神様　2011」は、二〇一一年三月十一日に発生した、東日本大震災および福島原発事故発生の「約三週間後」に起筆され[(1)]、同年六月号の「群像」（講談社）に発表されました。一般に川上氏のデビュー作とされる「神様」（一九九四年「第一回パスカル短篇文学新人賞」を受賞し、一九九八年に他の短篇と共に『神様』として中央公論社から刊行された）の本文をそっくりなぞりながら、そこに加除を施した形となっています[(2)]。

「神様」は、全編、「わたし」の一人称の形式で語られた、日記風の文体です。〈語り手〉である「わたし」が、「三つ隣の305号室に、つい最近越してきた」「くま」にさそわれて、弁当を持って「歩いて二十分ほどのところにある川原」まで散歩に出かけたある一日の出来事が、時間の経過に沿って語られています。

「くま」は散歩中も、目的地の川原でも、細やかな配慮と行き届いた準備とをみせます。散歩から帰った別れ際に、「くま」は「わたし」に「故郷の習慣」として「抱擁」を求め、「わたし」もそれに応じます。「わたし」は、そんな一日を「悪くない一日だった」と感じるのでした。

一方「神様　２０１１」も、「くまにさそわれて散歩」に出かけた一日を描いたという点やストーリーの展開は、前作とまったく同じなのですが、作中で「あのこと」と称される原発事故（によるものと推測される放射能漏れ）によって、作中に描かれる世界の様相や、生活様式は一変してしまいます。

例えば、道端で除染作業に携わる人々（の登場）や川原で出会うサングラスと長手袋の男二人など、周りの人間はみな「防護服をつけ」ています。また「あのこと」以来、地域から子供は姿を消しており、川原にも男二人以外には誰もいません。「マンションに残っている」のも「三世帯」だけになっています。また、作中の随所で「被曝線量」の多寡が話題になり、その具体的な数値が記されています。

しかし「わたし」自身は、「くま」と抱擁する際に「体表の放射線量」を意識するものの、「この地域に住みつづけることを選んだのだから、そんなことを気にするつもりなど最初からない」と、世間の人間とは異なった価値観を持っていることが窺えます。

本稿では「わたし」の〈語り〉に注目しながら、「神様　２０１１」の持つ意味、作品の深層を読み解いていきたいと思います。

Ⅰ　「神様　２０１１」の評価

一般に、前作「神様」の評価は高いのですが、「神様　２０１１」については酷評が目立ちます。例えば水牛健太郎は、「『蛇を踏む』『センセイの鞄』『真鶴』といった充実した作品を経てなお、川上弘美と言えば多くの人がいちばんに名を挙げる」作品として「神様」を評価しながら、「神様　２０１１」には「違和感を禁じ得なかった」とします。作品の意図を「原発事故に関する言葉を「神様」の世界に生のまま投入してみて、その異常性を浮き彫りにしたかったのではないか」と見て、「どうも安易な感じがしてしまう。それでも面白ければいい。しかし結果は台無しもいいところで、読んでいて思わず嘆息の連続であった」（「季刊・文芸時評《二〇一一年・夏》文学の言葉は遅い」『三田文学』九〇巻一〇六号、二〇一一年夏季、三田文学会）と失望の意を露にしています。

現実に起こった原発事故の影響を書き加えることに対して関谷一郎は、「人間的・作家的良心から、フクシマの惨状に堪えぬまま出来心で改作してみたまでのことかもしれぬが、仕上がりからすれば木に竹を接ぐようで、フクシマの現実にはかすりもしていない。無クモガナのお粗末なテクストである」（「川上弘美「神様」の読み方・教え方―松本和也氏の論考をたたき台にして」『現代文学史研究』二一号、二〇一四・一二、現代文学史研究所、以下、関谷の引用は全てこれによる）と、辛辣な否定の評言を浴びせています。

しかし、水牛氏や関谷氏がこき下ろすように、「神様　２０１１」は、それほど酷い作品なのでしょうか。また川上氏が、「神様」を下敷きにして「神様　２０１１」を書き上げたことは、これほどまでに非難されるべきことなのでしょうか。そのことを考える上で注意しておきたいのは、関谷氏が「フクシマの現実にはかすりもしていない」と批判していることです。

関谷氏は（もちろん水牛氏も）、本作の意味を「フクシマの現実」を糾弾するものとして措定しており、どこまでも現実世界や出来事のレベルから作品の不備を批判しています。つまり関谷氏は、あくまでも〈現実〉と〈小説〉とを別個のものとして捉えており、その相関性を問題にしているのです。

だからこそ関谷氏は、「川上が幻想的世界に閉塞しているという自覚と反省から「神様」に手を加えてみたと言うなら、文学と現実をあまりにも安易に接続しようとしてしまったというほかはない。そんなことでは現実にかすりもしないのは繰り返すまでもあるまいが」とも述べるのですが、ここで関谷氏は致命的な錯誤を犯していると思われます。それは関谷氏が「幻想／文学」と「現実」が別物として、言わば〈二項対立〉的に存在していると捉えていることです。だからこそ、文学と現実の「接続」が問題になるのでしょう。

つまり関谷氏は、主体と客体の二元論の範囲でしか「神様　２０１１」を捉えていないと言えるのではないでしょうか。「幻想的な世界がリアルな世界を描いた文学よりも現実に届く」「「神様」を楽しく読みながらもこの種の怖さが感受されるとすれば、この作品こそが根底において現実世界に接続しているから」だと「神様」の魅力を評価する関谷氏だからこそ、「現実」との接続が、またその接続の仕方が問題になるのでしょう。もっともこれは関谷氏だけに留まるものではなく、近代文学研究者の大多数が陥っている誤謬であることは論を俟たないことです。

もちろん、「あとがき」に記された「最終的には自分自身に向かってくる」「静かな怒り」という川上氏自身の思いも、本作執筆の動機としてはあるのでしょう。

しかし川上氏は、決して現実世界における原発反対を主張するためだけに本作を書いたわけではありません。そもそもこの作家は、現実がいつのまにか非現実にすり替わり、両者が渾然一体となっていく世界を描くことを得意としていたはずです。そう考えれば、現実世界や実際の出来事との直接の相関から本作を評価するのではなく、本作で描かれる世界を、また「わたし」によって〈語られる〉世界の内実をこそ問題にしなければならないのではないでしょうか。ここではまさに、田中実が常に主張している、〈世界観認識〉の違いが問われているのです。

水牛氏や関谷氏のように、作品世界を現実世界との相関で捉えてしまえば、「あのこと」以降の世界での散歩などいい出来事になろうはずもありません。しかし「神様　２０１１」でも作品の末尾は「悪くない一日だった」と締め括られています。では、なぜ「わたし」は、放射能に汚染され満足な生活もできない世界での一日の体験を、「いい一日だった」と振り返っているのでしょうか。実はそこに、「神様　２０１１」の持つ重要な意味が隠されているのです。

Ⅱ「神様　２０１１」が訴えるもの

鈴木愛理は、「わたし」が振り返る「悪くない一日」の内実について、「『神様2011』(ママ)では、道や川が放射能に汚染されているかもしれないことを気にしつつ生活することが「悪くない」＝日常的なこと改変されている」とし、「「あのこと」以来、放射能に汚染されたことにより、現実は変わってしまったけれども（中略）すでにそれが「悪くない」、日常的なこととして定着している世界が「神様2011」の作品世界である」（「現代小説の教材価値に関する研究―川上弘美「神様」「神様　2011」を中心として―」『広島大学大学院教育学研究科紀要　第二部』61号、二〇一二・一二、広島大学大学院教育学研究科）と「神様　２０１１」の世界を規定しています。

鈴木氏は、「放射能に汚染された」世界が、「すでにそれが「悪くない」、日常的なこととして定着している」とするのですが、これは明らかに読み違いです。

鈴木氏自身も引用している作品冒頭部の、「春先に、鴫を見るために、防護服をつけて行ったことはあったが、暑い季節にこうしてふつうの服を着て肌をだし、弁当まで持っていくのは、「あのこと」以来、初めてである」を見れば、その誤りは明確でしょう。

鈴木氏の言うように、「あのこと」の後は、一般に「防護服をつけ」て出かけることが「定着」しているのでしょう。しかしなぜこの日は、「ふつうの服を着て」、しかも「肌をだし」てまで、わざわざ川原に出かけて行ったのでしょうか。それは「「あのこと」以来、初めて」のことであり、その久しぶりの、今となっては非日常的な行為こそが、「放射能に汚染されたことにより、現実は変わってしまったけれども」（鈴木前掲文）、「悪くない一日だった」と「わたし」に思わせる原因になっているはずです。ではなぜ、今日の散歩が、「わたし」に「悪くない一日」と感じさせることになったのでしょうか。

それを考えるヒントは、やはり「くまにさそわれて」散歩に出たことにあるでしょう。「神様」と同様、「くま」にさそわれて散歩に出たこと。またその「くま」の存在や行為に触れることが、「わたし」にとって「悪くない一日」と判断させる原因になったと考えられるのです。

川原で「そばに寄ってきた」男二人は、「くま」を見てなんの根拠もない憶測に基づいて、「くま」が人間よりも放射線に強いと思い、それを「くま」にぶつけています。

「サングラスはわたしの表情をちらりとうかがったが、くまの顔を正面から見ようとはしない。長手袋の方はときおりくまの毛を引っ張ったり、お腹のあたりをなでまわしたりして」おり、どこまでも興味本位の好奇な眼差しを「くま」に向けるばかりで、まともに「くま」と向き合おうとはしません。結局のところ、自分たちの判断の根拠を、すべて単に「くまだから」ということに帰着させ、自分たちの論理に自閉したままなのです。

そんな男たちが行ってしまうと「くま」は、「いやはや」「邪気はないんでしょうなあ」「そりゃあ、人間より少しは被曝許容量は多いですけれど、いくらなんでもストロンチウムやプルトニウムに強いわけはありませんよね」と、男たちの無理解や興味本位な態度に辟易としながらも、それを「でも、無理もないのかもしれません」と、決して愉快ではないはずの男たちの振る舞いを許容しようとしています。

結局のところ「神様　2011」の「わたし」も、「くま」を理解することはできず、傷ついているであろう「くま」に慰めの言葉をかけてやることもできません。その点は、「神様」の「わたし」と同じですが、「神様」の「わたし」と、「神様　2011」の「わたし」では、大きく異なる点があります(3)。

それは、放射能に汚染されてしまった世界で「防護服」もつけずに生きていかなければならない、人間以外の生物たちの存在に「わたし」が触れたことです。人間の生活の利便性のために、言わば人間のエゴによって「あのこと」が起こり、自分たちの身に甚大な被害が及んでいるにもかかわらず、そのことを糾弾したり非難したりすることもできず、放射能から避難することも許されないまま生きていかざるを得ない人間以外の生物たち……「神様　２０１１」の「くま」は、その声なき声を発する存在が具象化されたものだったのではないでしょうか。

川から「摑み上げた」魚を、「わたしの目の前にかざした」後に「くま」は、「いや、魚の餌になる川底の苔には、ことにセシウムがたまりやすいのですけれど」と言いながら、「担いできた袋」から「小さなナイフとまな板」を出して器用に魚を開き、「かねて用意してあったらしいペットボトルから水を注ぎ、魚の体表を清め」、粗塩を振りかけて「広げた葉の上に魚を置」きます。そして「わたし」に向かって、「何回か引っくり返せば、帰る頃にはちょうどいい干物になっています。その、食べないにしても、記念に形だけでもと思って」と、「わたし」に対する配慮を見せます。

だが魚たちは、いくらセシウムがたまっていても、川底の苔を「食べない」という選択はできません。また、この「くま」以外の野生の熊たちは、セシウムで汚染された苔を食べている魚であっても、やはり「食べない」わけにはいかないだろう事は想像に難くありません。

しかし、他のことには一切目もくれず、防護服に身を固め、道端で除染作業に従事する作業員や川原の男二人に代表されるように、人間は自分たち以外の生物の生命や生活、また彼らの安全には全く関心を向けようとしません。彼らに対して人間が、どのような非道な仕打ちを行っているのかなど眼中にすらないのです。逆に何の根拠もないまま、「くまだから」と蔑み、「うらやましい」と無責任な言葉を浴びせ続ける人間の、どうしようもない自己中心的な姿が本作には描出されているのです。「そりゃあ、人間より少しは被曝許容量は多いですけれど、いくらなんでもストロンチウムやプルトニウムに強いわけはありませんよね」という「くま」の言葉は、考えて見れば当然のことなのですが、自分たちの生命と生活の維持だけに汲々とする人間には、そんな自明のことにさえ思いも至らず、何の言葉を発することもできません。このときの「わたし」の「無言」は、前作の「無言」よりも、さらに重い意味を担わされていたのではないでしょうか。

しかし、そうした人間たちに対してさえ、「くま」は（つまりは人間以外の生物たち）は、どこまでも寛容であり、「何から何まで行き届い」ており、「細かく気を配ってくれる」のです。最後には、「頰をわたしの頰にこすりつけ」ながら「肩を抱いて」、自分たちの神様に平安をさえ祈ってくれるのです。

人間がどれほど罪深く、エゴに満ちた存在であっても、この世界や自然は、〈わたしたち〉人間を受け容れてくれます。「わたし」は、「くま」の姿を通して、そうした自然の寛大さ、あるいは宇宙の慈悲のようなものに触れ得たのではないでしょうか。それが「わたし」に、「あのこと」以来変わってしまった世界であっても、「悪くない一日」と感じさせた原因になっているのではないでしょうか。「神様　２０１１」は、やはり「神様」をもとに書き上げられなければならなかったのです[(4)]。

もっともそれは、「わたし」が「くまにさそわれて」、素直に散歩に出かけられる人間だったからであり、放射能に汚染された世界を、「ふつうの服を着て肌をだし、弁当まで持って」出かけられる人間だったからであることは間違いないでしょう。周りの人間たちや、「あのこと」以来の世界に対して、「わたし」が違和感を持ち続けていたからでもあるでしょう。ひょっとすると「わたし」は、〈神様〉に選ばれた人間だったのかもしれません。

おわりに―「《神》の非在」と対峙する「わたし」―

田中実は、「9・11」から「ISの自爆テロ」をはじめ今日の世界の様々な状況を俯瞰し、「自爆テロの決行とは文字通り、《神》と《神》との、《絶対》と《絶対》との対決であり、《神》が《神》を殺し、殺される。これは《神》の非在=究極のニヒリズムをしめしているのではないでしょうか」と述べています。人々が、各々の《神》と、その《絶対》性を信じ、自分の《神》以外のものを排除しようとする。田中はこれを「《神》の非在=究極のニヒリズム」と呼び、現在世界で起こっている「難問」の発生原因だとしています。

そして、結論から言えば、この「《神》の非在=究極のニヒリズム」を超克する端緒として、第三項理論が措定されるのですが、その前駆的段階として、その誕生の契機と発展の歴史において、世界でも類を見ない特殊性を持つ、日本の〈近代小説〉を〈読む〉ことの意味を提起し続けているのです。

続けて田中は、「近代文学研究が〈近代小説〉の潜在力を発揮させ、その真価を活かすには、この《神》の非在=究極のニヒリズムと対峙し、主体と客体の二項の外に客体そのもの=〈第三項〉の概念、あるいは観点を〈読み〉に導入して世界の複数性（=パラレルワールド）を拓くことが要請されます」（「〈第三項〉と〈語り〉／〈近代小説〉を〈読む〉とは何か―『舞姫』から『うたかたの記』へ―」『日本文学』第66巻8号、二〇一七・八、日本文学協会）としています。

世界を〈主体〉と〈客体〉の二項で捉えると、自己の認識したものがすべて〈真実〉と映り、それ以外のものを排除する意識が芽生えます。しかし、自分が捉えた〈客体〉と思っていたものが、実は永遠に捉えられない〈客体そのもの〉が、我々の五感によって自分の意識の中に結んだ影＝〈わたしのなかの客体〉であると気づいたとき、自己の認識がすべてではなく、自分の感覚を超える〈超越〉の存在に思いを致さざるを得ないのです。

第三項理論概念の導入は、我々が狭い自分の感覚や認識の殻に閉じこもり、自分の信ずるものを《絶対》として、他を排除しようとする「《神》の非在＝究極のニヒリズム」と対峙し、それを超克することでもあります。

本稿に即して言えば、それは「熊の神様」に「わたし」の幸福を祈る「くま」の姿は、「熊の神様」や「人間の神」「蛙の神様」などありとあらゆる種の《神》を超えた、あるいはそれらをすべて包含する、究極的な存在への畏敬の念を育むのであり、その思いが「くま」の真摯な態度を生んでいるのです。

前作「神様」がその素晴らしさを述べたものであるとすれば、本作「神様　2011」の深層の意味とは、「あのこと」以来、変貌してしまった世界の中で、人間のエゴによって甚大な被害を蒙りながら、そのなかで人間を責めることもせず、「たんたんと生きてゆく」（『神様　2011』「あとがき」）、人間以外の生物たちの存在と、それでも「わたし」の幸せを「熊の神様」に祈ってくれる「くま」の敬虔な姿に触れたことが、「わたし」に「悪くない一日だった」と感じさせることになったのです。

当然のことですが、「くま」は「防護服」など着るはずもないし、「くま」が着られる「防護服」などあるはずもありません。自分だけ「防護服」を着ることもできない「わたし」は、「暑い季節にこうしてふつうの服を着て肌をだし」て散歩に行ったのであり、このことが本作を考える重要なポイントになります。「防護服」を着ていたら、おそらく「わたし」は、「くま」や「魚」など、人間以外の生物の実態に触れる（実感する）ことはできなかったでしょうし、「くま」との「抱擁」も全く別の意味を持つものになったでしょう。

一方、「防護服」も着ずに自分と散歩に出てくれた「わたし」だからこそ、「防護服」も着ないまま自分と「抱擁」してくれた「わたし」だからこそ、「くま」は自分との一体感を感じ、自分が信ずる大切な「熊の神様」に「わたし」の恩恵を祈ってくれたのです。

「この地域に住みつづけることを選んだのだから、そんなことを気にするつもりなど最初からない」はずの「わたし」であるならば、「くまはあまり風呂に入らないはずだから、たぶん体表の放射線量はいくらか高い」かもしれないなどということは、問題外のことのはずです。それをわざわざこうして語るということは、やはり「防護服」を着ないことが、「くま」と「わたし」の関係を考える最重要の条件として、「わたし」の「識閾下」にあるということを示しています。ここには（あるいは「放射能」の危険を前にして）、〈人間〉と〈熊〉の違いは、存在しません。そうした〈自他未分〉の振る舞いが、「くま」に感動を与え、「わたし」に「悪くない一日」だったと感じさせるのです。

ここには、関谷氏や水牛氏がとらわれている〈現実〉と〈小説〉の相対はおろか、〈人間〉と〈(人間以外の)生物〉の違い、《神》と《神》との対決さえも凌駕する世界が広がっているのです。「神様2011」は、〈第三項〉の概念によって、《神》の非在=究極のニヒリズムを超克する素晴らしさを、わたしたちに訴えかけてくるのであり、決して人間や現実世界を批判するために書かれただけの作品ではなかったのです。

註

(1) 「デビュー作を震災後の物語に—作家川上弘美さん、漂う怖さ「日常」再考」(夕刊 文化)『二〇一一年一〇月五日 日本経済新聞 夕刊』のインタビューによる。

(2) 初出時には、「神様 2011」の次に「神様」が配され、そこに書き下ろされた「あとがき」が付されている。単行本『神様 2011』(二〇一一・九、講談社)での配列は、「神様」「神様 2011」「あとがき」の順に変更された。

(3) 清水良典は、「デビュー小説論(第7回)くまと「わたし」の分際—川上弘美『神様』」(『群像』七〇巻八号、二〇一五・八、講談社)の中で、単行本『神様 2011』に付された、川上自身の「あとがき」に触れて、「記念すべき自分のデビュー作を改作しなければならなかった」、「神様 2011」の意義を、「とめどなく肥大化した科学技術のもたらした惨事」への、川上の「自分自身に向かってくる怒り」の表明と位置づけている。他の評家と違い、本作を評価しているのだが、やはり「原発事故」を起こしてしまった人間の傲慢さへの糾弾という、現実面だけにとらわれており、作品の真相の意味は理解していないように思われる。

(4)　前作「神様」の持つ意味については、日本文学協会国語教育部会の部会誌『日文協　国語教育』第44号（二〇一七・一一、日本文学協会）掲載の拙論「「熊の神様」を信じることとの意味をめぐって―川上弘美「神様」私論―」を参照されたい。

付記　右に記したように、「神様　2011」は、「神様」「神様　2011」に「あとがき」を付した形で発表・刊行された。これらの布置は、よく言われるような〈両者をともに読む〉だけの問題では決して片付かない、深い意味を有する。それは、先に引いた田中実の指摘する〈近代小説〉における「世界の複数性（＝パラレルワールド）」の問題と密接に関係するのだが、既に紙幅が尽きているため別項を期したい。作品の引用は「神様」「神様　2011」（『神様　2011』二〇一一・九、講談社）による。

教材研究

「神様」「神様　２０１１」の教材研究

齋藤知也

Ⅰ　学習課題として

この教材研究では、オリジナルバージョンの「神様」を読んだ上で、続けて「神様　２０１１」を読み、「神様　２０１１」を中心に扱う授業を想定し、〈教材価値〉を掘り起こすことを狙いとしています。

(1) 「読むこと」（どのようなことが語られているのか―出来事・構成・語り手と登場人物）

「神様」も「神様　２０１１」も、出来事は「わたし」と「くま」の交流として五つの場面に分けて語られ、〈語り手〉は「わたし」であるという構造は同じです。「くまにさそわれて散歩に出る」という設定は一見ファンタジーとして読まれがちですが、「くま」が人間から差別されていることや、「雄の成熟したくま」であり、「わたし」が女性とも読めること、ひらがなの「くま」と漢字の「熊」が使い分けられていることなどに着目すれば、「くま」とは何者か、「くま」と「わたし」の関係から見えることはどのようなことかなどのナゾは、最初に読んだ段階から問われることになります。

二つの作品で違うのは、「神様　２０１１」では、「あのこと」が語られる点です。「くま」も「避難」していることや、「元水田だった地帯」や「川原」や人々の変貌（登場人物も変わっています）が語られています。人間たちの心ない言葉に、「くま」が「そりゃあ、人間より少しは被曝許容量は多いですけれど、いくらなんでもストロンチウムやプルトニウムに強いわけはありませんよね」と言ったり、「魚」を掴み上げる際に「いや、魚の餌になる川底の苔には、ことにセシウムがたまりやすいのですけれど」と言うことも、「神様　２０１１」独自のものです。「故郷の習慣」としての「抱擁」という「くま」の頼みを「わたし」が「承知」するのは「神様」と同じですが、「神様　２０１１」では「くまはあまり風呂に入らないはずだから、たぶん体表の放射線量はいくらか高いだろう。けれど、この地域に住みつづけることを選んだのだから、そんなことを気にするつもりなど最初からない」という「わたし」の内言が付されています。また「神様」では、「くま」が「魚」は「今夜のうちに召し上がるほうがいいと思います」と言い、「わたし」が「魚を焼き、風呂に入」るのに対し、「神様　２０１１」では、「くま」は「めしあがらないなら明日じゅうに捨てるほうがいいと思います」と言い、「わたし」は「部屋に戻って干し魚をくつ入れの上に飾り、シャワーを浴びて丁寧に体と髪をすす」いでいます。末尾の被曝線量への言及も見逃せません。

(2)「読み直すこと」(どのように語られているのか/なぜそのように語られているのか)

1 〈語り手〉の「わたし」と「くま」の関係を、どのように捉えるべきか

「神様」でも「神様 2011」でも、〈語り手〉の「わたし」と視点人物の「わたし」との間に距離はなく、「くま」は基本的に「わたし」の視点により切り取られていること、しかし〈語り手〉を対象化する〈機能としての語り手〉を読者が構造化することによって、《他者》としての「くま」を顕在化させられることについては、同じです。ただ、「神様 2011」では、「あのこと」が介在することで了解不能の《他者》の領域はさらに深みを増しており、〈機能としての語り手〉を構造化する努力は一層強く求められます。〈語り手〉の「わたし」の見方を超えて、「くま」を捉える必要性に気づくことを到達ラインとして想定します。

2 ひらがなの「くま」と漢字の「熊」は、なぜ使い分けられるのか

「神様」にも、「神様 2011」にも、ひらがなの「くま」と漢字の「熊」の使い分けが見られます。「くま」の「熊の神様のお恵みがあなたの上にも降り注ぎますように」という直接話法と、「わたし」の「熊の神とはどのようなものか、想像してみたが、見当がつかなかった」という語りの部分のみ、漢字が使われています。まず、これを使い分けて語るのは、〈語り手〉の「わたし」ではなく、〈語り手〉を対象化する〈機能としての語り手〉であると考えなければならないでしょう。「わたし」も含めた人間が、自らの了解可能な範囲内に回収しているのが「くま」だとすれば、その外部に

「熊」はいます。ですから、それまで〈語り手〉の「わたし」によって語られた「くま」も、「熊」という言葉を用いる〈機能としての語り手〉という位相から、捉え直す必要があるのです。

もちろん、「神様」でも「神様　2011」でも、「くま」以外の「他の登場人物＝人間」と「わたし」の間には、明確な差異があります。「神様」でも、「シュノーケル」や「サングラス」などの人間たちは、「くま」と正面から関わろうとはしません。「子供」は「くま」と接触しますが、それは「引っ張ったり、蹴りつけたり」、「パーンチ」と叫んでこぶしをぶつけて去るというものであり、「シュノーケル」「サングラス」はそれに対して何も言いません。彼らは「くま」を差別しています。対して、「わたし」は彼らとは明らかに異なり、一定の距離を保ちつつも「くま」を受け入れ、心地よい関係をつくっています。「神様　２０１１」では、その差異は一層強く感じられます。例えば、「わたし」が他の人々とは異なり、「あのこと」の後でも「防護服」をつけずに「くま」と散歩にいくように、です。「わたし」は、「くま」が防護服をもっていないがゆえに、自身も着てこなかった可能性もあり、「神様」以上に、ぎりぎりで「くま」に接近しているとも言えます。

ですが、それでも〈語り手〉の「わたし」が「くま」＝「熊」を捉えることができているとまでは言えません。「神様」でも「神様　２０１１」でも、「くま」は「雄の成熟したくま」として、常に「わたし」の気持ちを先回りして思いやり、「わたし」が喜ぶように振る舞おうとし、また「漢字の貴方」を思い浮かべて「貴方」と呼んでほしいと頼むように、「わたし」からかけがえのない個体として見られたいという切ない願いを見せています。同時に愛を求めて衝動的に行動することには禁欲的で、「オレンジの皮」を「わたしに背を向けて、いそいで」食べるのも、「わたし」と面と向かって食べれば、野性を向きだしで晒してしまうことを分かっているからと思われます。その「くま」が「故郷の習慣」として、「抱擁を交わしていただけますか」というのは、大変に勇気の要る、切実な、またぎりぎりの節度をもって愛を求める行為であると見るべきでしょう。被差別者としての「くま」が、「差別する側」の人間に対しても理性的に振る舞い、「わたし」に対して、節度をもって愛を求める生き方を可能にさせているものは、「熊の神様」への「くま」の信仰であり、それが「くま」の言動を支えていると考えられます。この切実さは、「くま」が「あのこと」によって、「わたし」も含めた人間以上に苦労してきたと思われる「神様　２０１１」においては、一層強いものであると思われますが、そうした「くま」の側の痛みまでは〈語り手〉の「わたし」には見えていません。「くま」が、「熊の神様」に支えられた慎み深い言動をし、なおかつ「熊の神様のお恵みがあなたの上にも降り注ぎますように」と「わたし」に言う切実さを捉えるためには、読者は、〈語り手〉の「わたし」が捉えた（私たちが人間の言語で捉えている）「くま」ではなく、その向こうの「熊」を読もうとすることが求められているのです。そのためには、〈機能としての語り手〉を構造化していく必要があるのです。

３「わたし」と「くま」の関係性から見えてくることと「あのこと」の問題は、どう繋がるのか

２で明らかになるのは、「くま」＝「熊」という了解不能の《他者》の問題を直視できない、人間たちの問題です。そのように考えたとき、この《他者》の問題から逃走する人間のありかたこそが、「神様　２０１１」における「あのこと」を引き起こした根底だということにも気づくでしょう。「神

様　2011」の〈機能としての語り手〉は、「あのこと」が起きた原因の根底と、「くま」に対する人間の不当なまなざしが、「了解不能の《他者》＝〈言語以前〉」の問題からの逃走という点で共通することを、見据えているのです。なぜなら、例えば原発で使われるウランも含め自然界そのものは人間にとって〈言語以前〉、了解不能の《他者》とふまえる必要があるはずなのですが、言語で〈言語以前〉の領域を捉えざるを得ない人間の宿命の恐ろしさを自覚せずにコントロール可能であるかのように扱ってきたことが、「あのこと」が起きた原因の奥底にあり、それは「くま」へのまなざしの問題と通じていると言えるからです。特に、「くまは、ストロンチウムにも、それからプルトニウムにも強いんだってな」という言葉には、「あのこと」を起こした自らの責任に思い至らず、《他者》としての「熊」の問題を考えようとしない姿勢が表れていると言えるでしょう。言語と共に生きる人間は、〈言語以前〉の対象そのものを見ることはできないのだという「見ることとの虚偽」の問題と、私たちは向き合ってきていないのではないかということを、読者は考えざるを得なくなります。《他者》としての「くま」＝「熊」の問題と、「あのこと」をめぐる問題との繋がりを、引用しながら説明できることを到達ラインとして想定します。

4　「熊の神様」と「神様　2011」というタイトルの関係を、どのように捉えるべきか

しかし、問題はそこに留まりません。「神様」においても、「神様　2011」においても、「私」が「川」を見た際の、「その四角が魚の縄張りなのだろう」は気になる語りです。「突然」、「岸辺を泳ぐ細長い魚の三倍はありそうな」、「魚」を掴み上げる「くま」は、「魚」の「縄張り」を侵している

ことになり、またその「くま」の「縄張り」を人間は侵していることになるからです（「わたし」の見た「魚」と、「くま」が掴み上げる「魚」は別ですが、「縄張り」を侵すという点では同じです）。この問題についても、「神様　２０１１」ではより顕在化していると言えるでしょう。「くま」は「魚」の「縄張り」を荒らしてしか生きられず、人間は「くま」の「縄張り」を荒らして生きるという構図は「神様」と同様ですが、最も「あのこと」の被害を受けたのは、実は言語を発しない「魚」であることが、「神様　２０１１」では見えてきます。なぜなら、「いや、魚の餌になる川底の苔には、ことにセシウムがたまりやすいのですけれど」という「くま」の言葉は、「あのこと」のために、人間よりも「魚」を食べざるを得ない「くま」の方がより被害を受けたことと共に、「セシウムがたまりやすい」「川底の苔」を主食とせざるを得ない「魚」こそが最大の被害者であることを、「くま」の意識を超えて表しているからです。人間には「川」は遊ぶ場に過ぎず、汚染されたら入らなければいいだけですが、「くま」には「つい足が先に出てしま」う場であり、更に「魚」にとってはまさに生きる場なのです。人間にとっての「川」は、人間の言語がそう見させるのに過ぎず、ここにも先述した「見ることの虚偽」の問題が表れています。

「くま」との「川原」での交流を含めた「散歩」を「悪くない一日だった」とする「わたし」の語りは、「あのこと」のために自然界そのものの摂理が破壊されたことの痛みを、捉えてはいません。「わたし」は「干し魚」は食べずにくつ入れの上に飾り、「シャワーを浴びて丁寧に体と髪をすす」ぐことができますが、例えば汚染された「川」で生きる「魚」は、そうはいかないのです。そのような問題を捉えているのは、視点人物かつ〈語り手〉である「わたし」でもなく、対象人物の「くま」でもなく、〈機能としての語り手〉です。

とすれば、「熊の神様」は「くま」の人間への理性的な行動を可能にしていますが、「魚」が抱え込む問題には働いていないことになります。また、「わたし」には、「熊の神」と言い換えられてしまってもいます。直接語られない「人間の神様」は、「くま」、「魚」の双方に無力です。「熊の神様」も「人間の神様」も各々の言語共同体の中でしか機能しません。よって、タイトルの「神様　２０１１」の〝神様〟を、「熊の神様」と同じ位相で捉えるべきではありません。〝神様〟は「熊の神様」も含めてあらゆる共同体の「神様」＝《神》を相対化しているのです。それは〈機能としての語り手〉が、〈語り手〉の「わたし」を相対化する関係と重なるものです。「神様　２０１１」というタイトルは、「熊の神様」も「人間の神様」も相対化し、《絶対性》の問題を希求しています。「熊の神様」と、「神様　２０１１」というタイトルの〝神様〟の位相の違いに気づき、その意味を説明できることを到達ラインとして想定します。

Ⅱ　教材価値／学習価値

この二つの教材は単独でも了解不能の《他者》の問題を顕在化させ、現代を生きる我々の認識を問い直す〈学習価値〉をもちます。しかしこれまで述べたように、「神様　２０１１」における《他者》の問題は、「神様」よりも一層深みを帯びています。両方を読むことにより、〈言語以前〉の了解不能の《他者》に向き合うことの重要性や「見ること」の問題が、「あのこと」の問題と重なっていることが、より一層浮上すると考えます。「神様」と「神様　２０１１」が、全く別の問題を提起しているのではないのです。「神様」で問われていた問題が、「あのこと」を経由して一層顕在化するかたちで「神様　２０１１」で表れてきている、と言えます。「３・11」が起きたからそれを問題にするために「神様　２０１１」が書かれたのではなく、なぜ「あのこと」が起きたのかという根源的な問題が問われているのです。

付記　作品の引用は「神様」（『神様』二〇〇一、中央公論社）、「神様　２０１１」（『神様　２０１１』二〇一一、講談社）による。

「神様　２０１１」（「神様」「神様　２０１１」）の授業構想

中村龍一

Ⅰ　「神様」・「神様　２０１１」でつけるべき力

教育の目的（人間性等）〈価値目標〉

○「（自己や他者、世界を）問い続ける存在となる」

単元（題材）目標

⑴　「学びに向かう力」〈態度目標〉

○「神様　２０１１」という作品が読者にどのような問題を提起しているのか

⑵　「読むこと」の「知識・技能」

○この作品においては「くま」「熊」の二種類の表記がなされているが、そのことの意味を考える。

(3) 「読むこと」の「思考力・判断力・表現力等」AB

A 「くま」と「わたし」の関係が孕んでいる問題について考える。

A 「神様 2011」において「あのこと」はどのような意味をもっているのか、考える。

B 「熊の神様」とタイトル『神様 2011』の「神様」の関係は、どのようになっているか、考える。

この授業は、「神様」「神様 2011」の二作品を一括掲載している単行本『神様 2011』（川上弘美、二〇一一、講談社）を一冊まるごと教材とし、「『神様 2011』研究ノート」に生徒それぞれが自分の問題意識と思索で深める学習です。主教材は「神様 2011」とします。例えば、夏休み前の読書指導、夏休みの課題と関連づけて、九月に「第二次（再読）」から五単位時間で授業します。夏休み前の三単位時間の読書指導と併せて全八単位時間程度で構想しています。

Ⅱ 「神様 2011」の単元学習の提案（全八時間）

第一次（三時間）（初読）「できごと」（ストーリー）を読む―何度も読んで物語の「事実」を捉える……「学びに向かう力」と「知識・技能」形成

1 「できごと」を読む

読み手は〈語り―語られる〉相関関係を相対化して読んでいきます。語り手は視点人物〈わたし〉と対象人物〈くま〉や〈防護服の人間〉の相関を捉えて「できごと」を語っているのです。この因果の展開が語り手の語るプロットです。読み手は、この主客相関をまるごと相対化し、プロット〈因果の文脈〉を辿ります。

そのためには、読者は「神様　２０１１」の作品世界に没頭し、読みふけることです。作品のことばの仕組みに〈仕掛け〉られることです。

２　「できごと」をまとめる

まず、「できごと」を端的にまとめていきます。「できごと」は「そして〜、それから」と読み手の心に訊いて、生成する筋です。そして、この「できごと」を話の種として語り手は読み手に何かを語っているのです。これがプロットの二重性です。「できごと」は「普遍の事実」ではありません。語り手がそう語った「物語の事実」です。何度も読み、語り手が語った「物語の事実」を捉えるところまでが目安としての初読です。この初読の読みは極めて大切です。日常生活でビジュアル情報に慣れ親しんでいる生徒たちには文字からイメージし、文脈を捉える力が弱くなっている現状があります。

３　「心に残ったところ」、「ひっかかったところ」を語り合い、「不思議」を焦点化する

「神様　２０１１」の語り手は一人称の「わたし」です。一人称の作品では、作中に登場する語り手「わたし」とその「わたし」を語っている語り手〈わたし〉が想定できます。この〈わたし〉は作中に登場することはありません。〈仕掛け〉としての仕組で読み手に働きかけてきます。これを〈語り〉と表記します。〈語り〉の仕組みの新たな発見が、読み手のそれまでの〈本文〉〈価値〉を壊してしまい、意味的にまっさらな無機的世界から再び〈本文〉を現象させるのです。

「神様　２０１１」では読み手の常識では〈文脈〉がつながらないプロットの関係が語られていま

す。言外に隠されている本当の意味を読む〈読み方〉でも解けない不思議です。冒頭の「くまにさそわれて散歩に出る」からしてメルヘン童話を思わせる非現実的書き出しといえましょう。〈わたし〉があえて「防御服をつけない」のも不思議です。語り手はこうしたところを印象深く読み手の心に残るように〈語り〉を〈仕掛け〉ているのです。例えば授業では次の叙述の不思議に焦点化して考えてみます。

① くまにさそわれて散歩に出る
② 普通の服を着て肌を出し、弁当まで持って行くのは「あのこと」以来、初めてである

第二次（三時間）（再読）……「知識・技能」形成→「思考力等A」形成

結末までを知って「できごと」の全てを関係づけ、「なぜそう語るのか」「なぜこの不思議がおこったのか」を、登場する語り手「わたし」が語る物語の外部の位相から、〈語り〉に〈仕掛け〉られた仕組みを発見して読んでいきます。語り手「わたし」の深層（無意識）を読み手が掘り起こしていく〈読み〉です。この〈読み〉は正解に深まっていくのではありません。それぞれの読み手の〈仕組み〉の発見が、自分のそれまでの〈本文〉を無化し、新たな〈本文〉をその都度産み出すのです。〈本文〉で他人を納得させる力が文章表現力です。ですから〈本文〉が一人ひとりの読みを検討する唯一の資料となります。本稿では「問い」に対する稿者の論述を〈本文〉例として記しますが、授業では「『神様　２０１１』研究ノート」に生徒一人ひとりがそれぞれの引用で思索したことが論述されます。

0　「神様2011」は読み手にどのような問題を提起しているのか

なぜ、くまはわたしを散歩に誘うのか

1　「くま」「熊」の二種類の表記が為されているが、そのことの意味を考える。

第二次一時間目

【例】「くま」と「熊」はどう書き分けられているか。

冒頭から語られているようにこの〈くま〉は人間社会で生きることを選択した「くま」である。それ故、異文化である日本のしきたりを教科書的に学んでいる。引っ越し時にはマンションにまだ残っている住民に蕎麦をふるまい、葉書を十枚配った。知識だけの異文化理解の典型のようにも一見思えるのだがそう単純ではない。また、「くまにさそわれて散歩に出る」と始まる物語もメルヘン童話を思わせる書き出しであるが、それも表層の読みである。

この〈くま〉は観光に訪れたわけではない。〈くま〉が〈わたし〉を散歩にさそうにも、命がけの戦略が隠されている。この〈くま〉は人間社会で「くま」として生きることに「熊」族の命運を賭けているのである。北海道のヒグマたちも知床や奥深い山に追いつめられ生きている。このままでは絶滅する可能性も考えられよう。知床の断崖からオホーツクの海に身を投げるか、人間社会に熊社会を拓くかをせまられている〈くま〉なのである。

今多くの生き物たちは、人間化して生きなければ絶滅する環境に追い込まれている。人間社会に合わせて生きなければ生存できない。だから〈くま〉も散歩もするし、引っ越し蕎麦も配るのであろう。〈くま〉が散歩にさそうのはメルヘン童話だからではなく、そこには「熊」のリアルな「現実」がある。滅びるか生き延びられるかの問題が背景にある。

「今日はほんとうに楽しかったです。……熊の神様のお恵みがあなたの上にも降り注ぎますように」と〈くま〉は言う。〈くま〉は熊族の信仰を捨てていない。人間社会に熊族として生きる革命の戦士なのだ。

ここから〈わたし〉がなぜ「くまに散歩にさそわれたのか」が明かされよう。熊族の延命を賭ける〈くま〉は人間社会で常識外れな〈わたし〉に魅せられ求婚しているのである。一方の〈わたし〉にも、「くまとは、うらやましい」「くまは、ストロンチウムにも、それからプルトニウムにも強いんだってな」「なにしろ、くまだから」……この防護服をつけた〈二人の男〉に象徴される人間の傲慢や偏見への嫌悪がある。〈わたし〉は〈くま〉に好意を寄せている。それ故物語は、部屋に戻った〈わたし〉は「熊の神とはどのようなものか、想像してみたが、見当がつかなかった。悪くない一日だった」で閉じられている。

語り手の「わたし」に語られた世界は「わたし」の言葉のフィルターが現象させたものです。読み手は語られた世界を相対化し、自分の色つきの言葉と、その言葉の〈向こう〉があるとする言語観で叙述を具体的に検討します。視点人物〈わたし〉と、対象人物〈くま〉と〈防御服の男たち〉、それぞれの「心の物語」を手繰り寄せ、交わりながらすれ違う、《他者》を顕わにするのです。

第二次二時間目

【例】「いや、魚の餌になる川底の苔には、ことにセシウムがたまりやすいのですけれど」、このくまの言葉から、どんなことが考えられるか述べてみよう

川で見事な漁を〈くま〉は披露する。もちろん恋する〈わたし〉に自分の男としてのたくましさを見せつけたのである。散歩はこのためにあったのかもしれない。その上、魚を器用に開いて干物にし、〈わたし〉にプレゼントするのであるが、〈くま〉は食べなくていいと気遣うのである。しかし、読み手に見えてくるのはそれだけではない。

〈くま〉は「あのこと」があった後も、もちろん防御服も着けず、たぶんこの川の魚も喰って命をつないでいる。それもセシウムがたまりやすい苔を餌とする魚を喰ってである。しかし、この苔を喰って生きている多くの魚のことには、〈くま〉も〈わたし〉も無頓着である。読み手には、その「くま」や「わたし」の世界の〈向こう〉に〈魚の世界〉、いやそれだけではない〈川に棲む全ての生き物の世界〉が見えてくるのではないか。〈語り〉はそれを見逃していない。〈語り〉の〈仕掛け〉にのせられながら、因果のキレツの深い闇にことばの〈仕組み〉が見えたとき、読み手の〈本文〉にいのちが燃え上がるのです。底なしの闇にいのちの起源へ向かって掘り起こす他者性を「神様　２０１１」は内在させているのではないでしょうか。

第二次三時間目

2　「神様　２０１１」において、「あのこと」はどのような意味をもっているか、考える（「神様　２０１１」と「神様」との比べ読み）

【例】

①部屋に戻って魚を焼き、風呂に入り、眠る前に少し日記を書いた。（「神様」）

②部屋に戻って干し魚をくつ入れの上に飾り……眠る前に少し日記を書き、最後に、いつものように総被曝線量を計算した。今日の推定外部被曝線量・30μSv、内部被曝線量19μSv。（「神様　2011」）

〈わたし〉には日記を書く習慣がある。内省的な人間である。「神様」での〈わたし〉はいろいろあっても平穏な日常を記していたことだろう。しかし、「神様　2011」で同じ場面を比較してみると、こちらは被曝量の綿密な測定が克明に記されている。

「あのこと」を被曝量の記録の持つ意味から考えてみましょう。この日記から「わたし」の目に見えない不安、恐怖が見えてくるのではないでしょうか。「μSv」の数値に実感はありません。得体の知れない化けものです。しかし確実に「あのこと」が死につながる虞（おそれ）をもたらしました。〈くま〉のガーガーカウンターも〈二人の男〉の防護服もその根っこは、同じ死への怯えです。被爆という運命を共に負いながら〈わたし〉、〈くま〉、〈二人の男〉はすれ違うパラレルワールドを生きているのです。

第三次（二時間）（まとめ）……「思考力等B」「人間性等」形成

第三次一時間目

1　なぜ、題名が「熊の神様」ではなく、「神様」かを考える（「熊の神様」と題名「神様　2011」の「神様」の関係は、どのようになっているか）

【例】

「くま」は「熊の神様」の敬虔な信仰の下に生きている。「わたし」が〈くま〉に「なんと呼びかければいいのかと質問してみた」とき、「貴方（あなた）、が好きですが、ええ、漢字の貴方です」と答えている。ここには信仰もつ〈くま〉の誇りと同時に、日本人の〈わたし〉の文化への畏敬の念が読み取れよう。しかし、〈わたし〉には「少々大時代的なくま」、「昔気質のくま」「大時代なうえに理屈を好む」としか映らないのである。ここに消費文化に漂う現代日本人が見失ってしまった倫理の問題への〈語り〉の批評がある。この問題は「神様」では差別的な〈子供〉の振る舞いと〈二人の男〉の同様の眼差しの場面に引き継がれていく。〈わたし〉がどうしても馴染めない世間への嫌悪の根っこ、裏返せば〈くま〉への親和感はここにあったはずである。

しかし、現代の欲望文化からドロップアウトしている〈わたし〉にも〈くま〉が言おうとしている問題に正対し得ていない。〈くま〉は「邪気はないんでしょうなあ」と〈わたし〉に気遣う。

川上弘美は「あとがき」の冒頭で日本の「万物に神が宿る」に触れている。〈わたし〉の無意識世界を染めている「八百万の神」から逃れることがいかに難しいか、自己も他者も溶け合ってしまう《他者》不在の文化を私たちは生きている。

題名「神様」は、「熊の神」、「八百万の神」、「欲望の神」、「ウランの神」を超えた〈向こう〉に川上弘美が想定した概念であろう。神を見たものはいない。永遠に誰も見ることができない。「神様」は《他者》だからである。

第三次二時間目

2 「神様」・「神様　２０１１」・「あとがき」を読んで考えたことを「『神様２０１１』研究ノート」の「あとがき」に書く（一二〇〇字程度）

【例】

「神様２０１１」の川上弘美の「あとがき」で印象に強く残ったのは、「静かな怒りが、あの原発事故以来、去りません。むろんこの怒りは、最終的には自分自身に向かってくる怒りです」である。ここに作家川上弘美の境地があろう。「あのこと」への川上弘美の「静かな怒り」はいのちの根源、神様の眼差しが照らす全ての自分自身への「問い」である。

〈くま〉は被害者である。「あのこと」の責任は一切ない。しかし、〈くま〉は日本人を告発しない。生き物たちは告発しないのである。その責任は原発を推進してきた国にあるのか、原子力の安全神話を喧伝した科学者か、想定外と言い訳した電力会社か、自分を外に置いた犯人捜しに川上弘美は組しないだろう。今を生きる自分は相関の世界の中で間違いなく罪人である。「静かな怒り」が私を瓦解させていく。

付記　作品の引用は「神様」「神様２０１１」（『神様　２０１１』二〇一一、講談社）による。

村上春樹

村上春樹「鏡」における自己と恐怖
―その克服への希望と危険性―

相沢毅彦

はじめに

「鏡」（初出『トレフル』一九八三年二月。本稿では『村上春樹全作品1979～1989⑤短編集Ⅱ』一九九一年一月、講談社を底本）においてより重要なのは表層の物語だけでなく、それを通した深層の部分及びそこで示されている世界観を読み取ることだと考えます。その位相を問題化することがこの〈作品〉の価値如何を問うことになると考えるからです。尤も先行研究において田中実「村上春樹の「神話の再創成―「void ＝虚空」と日本の「近代小説」―」（『〈教室〉の中の村上春樹』馬場重行他編、二〇一一・八、ひつじ書房）により「問題の核心は自らを批評できないでいるアイロニーがこの小説の最大の魅力」とあり、「核心」は既に明らかにされていると考えます。しかし、同論文で「なぜ〈僕〉が今なお、それ程ひどく憎まれなければならないのか。むろん、『僕以外の僕』はそんなことを直接何も明かしてくれません」「読み手が自分で考えるしかありません」（傍点原文）とも指摘されており、それ故本論考では何故それが「核心」なのか、私なりのプロセスで説明すること及び「読み手が自分で考える」領域をどう考えるのかについて論じたいと思います。具体的な検討の前に先ず

「僕」が若い頃に経験したとされる「恐怖体験」を確認したいと思います。

Ⅰ 「僕」の恐怖体験

その日、夜中三時の見回りの時、「僕」は起きるのが「嫌だな」と思いますが、「意を決して」、「用務員室を出」、一通り見回りをし、そこまでは何も起こりませんでしたが、玄関を通り過ぎる時に違和感を覚え、「下駄箱の横の壁あたり」にある鏡に僕の姿が映っていることに気づきます。しばらく後、「鏡の中の僕」が外見は「僕」にもかかわらず、「そうあるべきではない形での僕」であることに気づき、「相手が心の底から僕を憎んで」いることを「理解」します。やがて「鏡の中の僕」の手が動くと、「僕」も同じ動作をしていることから「鏡の中の僕」が「僕」を支配しようとしているように感じます。「僕」は大声を出し、持っていた木刀を投げつけ、鏡の割れる音がした後、部屋に駆け込み、一晩中眠ることができずに過ごし、「太陽が昇る頃」、玄関に行ってみると、煙草の吸殻と木刀は落ちていたが鏡はなく、そこで「鏡なんてはじめからなかった」、「僕」が見たのは幽霊ではなく、「ただの僕自身」と解釈し、あの夜味わった恐怖だけは忘れることができないと語ります。その上で「人間にとって、自分自身以上に怖いものがこの世にあるだろうか」と鋭い指摘をしますが、そのことの意味が捉えられないまま「この家には鏡が一枚もない」、「鏡を見ないで髭が剃れるようになるには結構時間がかかる」といったこの問題の本質的な部分を避けるような形で「僕」の語りは閉じられます。

Ⅱ　「鏡」の出現と消滅

この作品を読み終えた時に起こる疑問の一つは鏡の出現と消滅の〈謎〉だと思われます。それはもちろん見間違いや勘違いといった問題ではないはずです。「僕」がこの話の最後に「鏡はなかった。そんなのもともとなかったんだよ」と語っていることから、鏡はもともと存在しなかったようにも読めますが、一方で夜中の「僕」は「全身が映る縦長の大きな鏡」を確かに見たこととして語られています。先行研究ではこの現象を「ドッペルゲンガー」（高比良直美「意識の反転―村上春樹『鏡』」『群系』第二号、一九八九・八、葦の会）や「分身」（渡邉正彦「村上春樹「鏡」論―分身・影の視点から」『群馬県立女子大学紀要』一九九二・三、群馬県立女子大学）などとする指摘もありますが、「街灯の光」が鏡の中に映り込んでいたり、木刀を投げた時に「鏡の割れる音」がしていたりすることから、単に「もう一人の自分」が見えただけではなく、そこに鏡が存在した現象として語られていることも含めて問題化されなければこの作品を読んだことにはならないはずです。

また、一方で鏡がなく、もう一方で鏡があったかのように語られていたからと言って、渥美孝子「村上春樹「鏡」―反転する語り・反転する自己―」（『〈教室〉の中の村上春樹』馬場重行他編、二〇一一・八、ひつじ書房）のように「『僕』が自分の言葉を裏切る信用できない語り手」と〈語り手〉の性質を指摘しただけでは何も問題を解決したことにはならないでしょう。「自分の言葉を裏切る」ような〈語り〉になっているのは何故かという位相をさらに問い直す必要があるはずです。

ではどのように考えたらいいのでしょうか。結論から言うと、真夜中に「僕」が見た鏡は確かに「僕」の中ではその時その場所で存在し、翌朝「僕」が玄関に行った時にも同様な意味において鏡は存在しなかったということです。こうした考え方は現在の日常的世界観では受け入れがたい見方かと思われますが、まさにその意味で世界観認識の問題としてあり、同時にそれが何故、「鏡の中の僕」が「心の底から僕を憎んでいる」のかという問題ともつながり、この作品の基調をなしていると考えます。それ故、次節では具体的に田中実の一連の論考の中で示されている「理論」を私なりに踏まえた形で論じてみたいと思います。

なお、先行研究はそのほとんどが無前提に「実際には鏡がなかった」こととして捉えられ、その上でその夜に起こった現象を「虚構」、「非現実」、「夢」、「亡霊」、「幽霊」などと各論者の志向性によって意味づける枠組みの中で行われてしまっています。そのような読み方の最大の問題は「実際には〜」といった形で作品内容が読み手によってつくり変えられてしまうことだと考えます。

Ⅲ　世界観認識の問題

私たちは対象の事物を認識する際、ソシュールが指摘したように言語の枠組みを通して事物を現象させていると考えることができます。また、同様に言語の本質が事物の「名づけ」ではなく「区分け」にあるとするならば「ある事物」と「ある事物」が「区分け」られているという認識があってはじめてその対象の事物が「今」そのように現象しているのであり、逆にそれがなければ目の前には

「区分け」られたもののない混沌とした世界が広がっているはずです。そして、これらの「区分け」を司っている個々人の言語的枠組みはそれまでの時間及び経験等により全て異なっているはずですから、それを通して区分けられ、認識された世界もまたそれぞれ違っているということになります。だとすると、例えばAという人物が「時刻t_1において捉えようとした対象X（Xt_1）」と「時刻t_2で捉えようとした対象X（Xt_2）」は、それぞれ変化したものとして現れることになるはずです。さらに問題なのは例えば（Xt_1）と（Xt_2）のどちらが「正しい」のかと考えてみても、その問いは意味をなさないということです。何故なら、どちらも自己の枠組みで捉えられた対象に過ぎず、「対象そのもの」ではないという意味で「虚偽」となるはずだからです。ただ、そのように説明したとしても物理的に割れたはずの「鏡」の破片が翌朝なかったのだから（「僕」の中で確かにそう起こった現象だったとしても）それは実際に起こった出来事ではなく、「鏡」は割れていなかったことが「事実」だと常識的には考えられるかと思います。しかし、例えば、「僕」が翌朝その場所を訪れる前に誰かが「鏡」の破片を片づけてしまったとか、よく見ると「鏡」の破片が落ちていたといった「新事実」が出てくると、それまで「事実」だと思われていたことが容易に覆ることになるはずです。さらに鏡の割れた破片だと思っていたものが実は違うものだったとなった場合、さらにまたその「新事実」が「新新事実」に反転することになる上、それらの反転は原理的には際限のないはずのものです。すなわち、私たちが「事実」だと思っていることも「現在」の「私」にとってそれが「事実」だとされているに過ぎず、物理的な痕跡の有無やその時代の「常識」によって判断しようとしても実際には何が「事実」かは分からないということになります。すなわち、これらのことは私たちのいる世界がその時々の「認識の枠組み」によって捉えられた世界である以上、同じ世界にいながら同じ世界にはいないという逆説的かつ複数の「世界」が同時多発的に現れるというパラレルワールド的状態の中にあるという世界観認識の問題を浮かび上がらせていると言えます。

その意味で山田伸代「村上春樹の『鏡』を読む―新たな世界観認識に立って読む―」(『日本文学』第65巻2号、二〇一六・二、日本文学協会)は田中の問題意識を踏まえようと試み、「世界観認識」の問題としてこの作品を読もうとした点で共感を覚えます。しかし、山田によって「現実世界を超えたところでの解釈が求められる」、「現実と虚構の二元論を超えて新たな世界観認識に立ち小説を読む」と言われる「現実世界」とは言語の枠組みで「捉えられたもの」である以上「虚構としての現実世界」のはずであり、より問題に踏み込むためには「虚構としての現実」と「虚構としての虚構」の二項といった問題意識として提出し、それを超えた「了解不能の現実そのもの」としての第三項を対置するような認識で読む必要があったと思われます。

Ⅳ 「鏡の中の僕」が「僕」を憎む理由

以上を踏まえた上でもう一つ大きな〈謎〉である「鏡の中の僕」が何故「僕」について「心の底から僕を憎んでいる」のかということを考えたいと思います。末尾において「僕」は家に鏡を一枚も置いていないと語りますが、「僕」自身そう語っていたように「鏡」は設置の有無にかかわらず出現し得るものである以上、「僕」は鏡の出現と消滅の意味について理解していないことになります。さらにそれよりもより大きな問題はそのことで「僕」が「鏡の中の僕」の憎しみやその「恐怖」から目が逸らされていることだと思われます。それ故、「僕」の自意識の中をいくら探ってもその理由は見つからず、むしろ、その〈謎〉を解くためには「僕」が目を逸らしているもの、「僕」の意識を超えた所のもの、すなわち〈機能としての語り〉の領域を読む必要があるはずです。

しかし、先行研究のほとんどはこの位相を読もうとはせず、「僕」の位相に収まる範囲での考察のみが研究者の反映論（素朴実在論）的立場、ポストモダン（観念論）的立場、ないしはその両者が混在した枠組みの中でそれぞれの解釈が展開されているように思います。例えば、西田谷洋「『僕』の亡霊たち—村上春樹『鏡』論」（『金沢大学語学・文学研究』二〇〇八・一二、金沢大学教育学部国語国文学会）ではジャック・デリダ『マルクスの亡霊たち』を援用し、「鏡の中の『僕』は、反体制的な生を送る『僕』を否定する点で体制側のかくあるべき『僕』という巨大な社会的圧力である」といった指摘をし、また田村謙典「分析を遠隔操作する文学への『回路』—村上春樹『鏡』の教材化から」（『村上春樹と一九八〇年代』宇佐美毅・千田洋幸編著、二〇〇八・一一、おうふう）は「僕」が「自己対象化」を「忌避」することを指摘するに留まります。また、原善「村上春樹「鏡」が映しだすもの」（『上武大学経営情報学部紀要』第23号、二〇〇〇・九、上武大学）では、全てが、〈語り手〉の「僕」が〈聞き手〉に向かって語った「虚構」だと指摘し、「僕」による過去の体験談の内容が「事実」とされているそれまでの先行研究のあり方を批判していますが、先に指摘したような私の立場では私たちの捉える「事実」や認識それ自体を「虚構」と考えるため、「虚構」を「事実として捉えている」という批判自体が意味をなさないように思えます。加えて、原氏の論も「僕の体験談」のみが分析されているわけではないとはいえ、生身の〈語り手〉「僕」と作中登場人物としての〈聞き手〉の関係の指摘のみで、一番問題化されなければいけない現在語っている〈語り手〉「僕」が見えていない領域の検討については看過されています。また田口耕平「村上春樹『鏡』を読む―騙りの仕掛け・揺らぐ『僕』」(『国語論集』15、二〇一八・三、北海道教育大学釧路校 国語科教育研究室)では、そもそも「『僕』は左右が反転した世界にいる」、「『僕』が実像ではなく、鏡像・虚像である」と指摘しますが、「右手で木刀を握らないはず」というその主張の根拠の妥当性に疑問があることに加え、仮にそう主張できたとしても、それだけでは「鏡の中の僕」と「僕」との「反転」の指摘に留まり、「僕」の抱えている問題の根の部分は明らかにならないものとなっています。

これらの先行論は単に〈機能としての語り手〉の領域を問題化していないというだけでなく、作品によって研究者自身が重要な問題を突きつけられていながら、パラレルワールド的世界観を受け入れられず、しかもそのことに本人が気がつかないまま知的に作品を分析・裁断しているという点で「僕」と同じ轍を踏んでいるように思えます。他方、佐野正俊氏や鎌田均氏の論は〈機能としての語り手〉の位相を読もうとしながらも、その問題がうまく取り出せなかったことが課題であったように思います。

では〈機能としての語り手〉の領域を問題にするとどのようなことが論じられるのか。それを明らかにするために、まず折り返して『鏡』の冒頭の部分の問題に戻る必要があると考えます。そこでは「みんなの体験談」を総括するような形で大きく二つのタイプに分類できると「僕」によって説明されています。一つは「幽霊」といった話、もう一つは「予知」といった話ですが、その上で「みんなどちらか一方の分野だけを集中して経験しているような気がする」と各人の「個人的な傾向」がそのような体験をさせているに過ぎないということが指摘されており、その上で「どちらの分野にも適さない人」が「僕」だとすることで、「僕」は「幽霊」や「予知」が「実在」する領域を認めない「散文的な人生」と自分自身を定義しています。

しかし、このように定義する「僕」の意識にこそ問題があると言えるでしょう。何故なら「僕」は「鏡の中の僕」に出会うという「非散文的」な体験をしていながら、自らの人生を「散文的」だと指摘しているからです。このことは〈語り手〉「僕」の位相で言えば、自らが体験した事態に向き合えていないことが示されていると言えるでしょうし、〈機能としての語り手〉の位相で言えば、そのような事態に向き合えず矛盾したことを語る人物を〈語り手〉とすることで、そのこと自体の問題を提出していることになるでしょう。では〈機能としての語り手〉が提出している問題とはどのようなものでしょうか。前述より「僕」が向き合えていないのは「非散文的」な領域と考えられますが、それはこの時点での「僕」の信念というだけでなく、恐怖体験をして以来、それらを忌避するが故に家に鏡を一枚も置いていないわけですから、「現在」も「当時」も基本的にその心情は変化していないと考えられます。具体的に忌避されているのは「非散文的なもの」としての「鏡の中の僕」の出現であり、その「鏡の中の僕」が「僕」を激しく憎んでいたのですから、その憎しみとは逆に「非散文的なもの」を「僕」が認めないことになると私は考えます。すなわち、その逆はあり得るとしても、「鏡の中の僕」が出現したが故に「非散文的なもの」を認めなくなったとは考え難い以上、「鏡の中の僕」が出現する前の「僕」も「非散文的なもの」から目が逸らされていたはずであり、むしろそうであるが故にそうした事態を憎む「鏡の中の僕」が出現したということになるかと思います。「僕」の中に「非散文的なもの」が潜在しているにもかかわらず、それを認めようとしないならば「鏡の中の僕」は当然「僕」を憎まざるを得ないでしょうし、そのことを「僕」に向かって強く訴えかけることも不思議ではないと思われます。

しかし、「僕」はその事態を受けとめず、十年以上この話を誰にも話さず、鏡も置かないことから、「非散文的なもの」を心の中で強く抑圧し、忌避して生きてきたことがうかがえます。鏡を家に置かないことは例えば毎日髭を剃る度に逆に鏡の存在を意識させられることになるはずであり、鏡が必要となる度に「鏡の中の僕」が出現しないように警戒してきたことを示しているように思えます。恐怖体験が一度しかなかったのは恐らくそのためであり、また〈聞き手〉に向かって敢えて自らを「散文的な人生」と言わなければならなかったのは「僕」がそうしたものを強く抱えていることの裏返しのように思えます。

よって、問題は「鏡の中の僕」の出現が何を意味するのかということについて「僕」自身が如何に向き合い、捉え直すかということにあるはずですが、その「恐怖」に対してまともな形で目が向けられておらず、「人間にとって、自分自身以上に怖いものがこの世にあるだろうか」と正鵠を射たことを指摘しつつも、その意味について深く考えられていない、むしろ自己の知性をひけらかすような形でしか語られていないと思えます。

V　そこから導き出される問題

以下、こうした「僕」の無自覚さがどのような問題を含むのかを考えていきたいと思います。この作品で言えば「鏡の中の僕」のようなものを長きに亘って深く傷つけていることになりますが、そのことは「自分」自身の意識していない「心」の領域が特に問題とされていると思われます。例えば、私たちは自意識で自らの「心」を捉えていますが、しかし、より本質的な部分はフロイトが指摘したように自意識では捉えられない領域であり、その領域に向き合わないとするならば「心」の内におけるより深い問題から目を逸らすことになるはずです。ただし、それらに目を向けなければいけないと思っても、原理的に自意識としての〈私〉（あるいは〈私〉というものをつくり上げているシステム）によって抑圧されている広大な領域全てに気を配ることはできず、多かれ少なかれ私たちは無自覚のうちに「鏡の中の僕」のような領域のものを常に抑圧しながら生きていることになるはずです。その意味では私たちは皆「罪びと」と言えるかと思いますが、だからと言って「僕」のようにそれに対して全くの無自覚でいいということにはならないはずです。そのため私たちは可能な限りそのような領域に目を向け、抑圧しているものに気づき、可能であればそれを解放するように生きる必要があるでしょう。しかし、そのためには自意識と無意識の境界のぎりぎりに立ち、そのことによって〈私〉自身を囲い込む必要がありますが、その「近接の限界」を見分けるのは簡単ではなく、それは「命をかけた危険な作業」になるはずです。詳述できませんが、例えば同じ村上春樹の『騎士団長殺し─第1

部　顕れるイデア編』（二〇一七・二、新潮社）に登場する免色渉の言葉に「人はなんとしてもその恐怖を乗り越えなくてはならない。自己を克服するということです。そのためには死に限りなく近接することが必要なのです」、「近接の限界がどこにあるのか、そのぎりぎりのラインを見分けるのは簡単ではない。命をかけた危険な作業になります」とあるように「恐怖」と「自己」との関係について考えることは、自己の中にある「大切なもの」を救うと同時に、自分の命をも失う可能性のある危険な行為であると思われます。ただ、そこには喜びや希望がないわけではなく、そのことによって僅かばかりでも自らの中にある自らを抑圧するシステムによって奪われた「心」を取り戻し、自らを「回復」させることで、恐怖が反転し、「世界」が以前よりもより「自分に適ったもの」として鮮やかに目の前に現れてくることになるはずです。むしろ、そのような行為こそが、どのような状況に置かれた人にも（たとえば最も極端な例の一つとして考えられる「強制収容所のようなものに入れられた人であっても。突き詰めて考えてみると私たちはみな自己の認識の枠組みという牢獄に入れられていることにもなるかと思いますが）平等に与えられている「喜び」となるはずです。文学作品を読む意義の一つにはそのような自らの内にある抑圧されたものにより自覚的になり、それらを解放する契機を与えられることにあると考えます。

教材研究

「鏡」の教材研究

齋藤知也

Ⅰ　学習課題として

(1)「読むこと」(どのようなことが語られているのか—出来事・構成・語り手と登場人物)

この作品の出来事は「僕」が大学進学を拒否して日本中を放浪している際、中学校で夜警をしていたときに遭遇した「鏡をめぐる体験」であり、主な登場人物は「僕」と〈鏡に映った〉「僕以外の僕」です。しかし構成は、その出来事を「十年以上も前」の「若い頃」のこととして現在の〈語り手〉である「僕」が、年下と思われる客たちが各々の体験を話すのを主人(ホスト)として聞いた後、回想して語るという形になっています。そのことは出来事の部分を挟んで序章と終章が配置されていることに着目させれば、生徒も気付きます。出来事で最もナゾとして感じる部分は、「鏡」とは何だったのか、「鏡」に映った「僕以外の僕」が「まるでまっ暗な海に浮かんだ固い氷山のような」、「誰にも癒すことのできない」、「憎しみ」で「僕」を憎んでいるのはなぜか、「鏡」は一体あったのか、なかったのかということでしょう。さらに出来事が、なぜ序章と終章に挟まれなければならないのか、この構成は何を意味しているのかというナゾが、「読み直すこと」を要求します。

⑵ 「読み直すこと」(どのように語られているのか/なぜそのように語られているのか)

「僕」は、一〇年以上も前の話を回想する際には、「僕以外の僕」を、「鏡に映った僕の像」、「それは僕がそうあるべきではない形での僕なんだ」と語ります。しかし、終章では、「もちろん鏡なんてはじめからなかったよ」、「というわけで、僕は幽霊なんて見なかった。僕が見たのは――ただの僕自身さ」と語るのです。両者は異なっています。また一方で「ところで君たちはこの家に鏡が一枚もないことに気づいたかな」と「鏡」のことをもち出してもいます。「僕以外の僕」の問題とあわせて、「鏡」とは何なのか、「語る現在」の「僕」はどのような問題を抱えているのかを考えていくことが、「読み直すこと」の課題になります。「僕以外の僕」が「まるでまっ暗な海に浮かんだ固い氷山のような」、「誰にも癒すことのできない」、「憎しみ」で「僕」を憎んでいたにもかかわらず、その理由と「僕」が対峙してきた様子は、「語る現在」の「僕」からはうかがえません。つまり、「視点人物」の「僕」のことを〈語り手〉は回想して告白してはいるのですが、その〈語り〉は「視点人物」の「僕」と癒着して、自身の姿を相対化できないままでいることを示しています。よって、「語る現在」の「僕」(=〈語り手〉の「僕」)を捉え、相対化する〈機能としての語り手〉を浮上させることが求められます。そのことを意識しつつ、以下、四つの観点を示します。

1 「僕以外の僕」とは何か

「僕」は最初は鏡に映った僕の像を眺めながら、「一服」したりする余裕をもっているのですが、次第にそれが「僕以外の僕」、「僕がそうあるべきではない形での僕」であり、「相手が心の底から僕を憎んでいるってこと」を理解します。そして「奴の方が僕を支配しよう」としたとき、「木刀を思い切り投げつけ」、「鏡の割れる音がした」のち、「後も見ずに走って部屋に駆けこみ、ドアに鍵をかけて布団をかぶ」ります。その「僕以外の僕」のことを、終章で〈語り手〉の「僕」は、「ただの僕自身さ」と語りますが、それは逆で、むしろ「僕」と「僕以外の僕」がいかに隔たっているかが問題にされなければならないはずです。「僕以外の僕」はなぜか「僕」を「心の底から憎んでいる」のですから、「ただの僕自身」ではなく、「了解不能の《他者》」の問題が生じていると考えなければなりません。しかも「僕」は、その「僕以外の僕」が「僕」を「支配しようとしていた」かのように見たわけですが、逆に「僕以外の僕」から見れば、そのような「僕」の方が「そうあるべきではない形での僕」だったのではないでしょうか。

とすれば、「僕」と「僕以外の僕」を隔絶させているものは何かということが問題になります。それは「なにかといえば体制打破という時代」に、「大学に進むことを拒否して、何年間か肉体労働をしながら日本中をさまよってたんだ」というような、アウトローを気取りながらその内実は「了解不能の《他者》」の問題から逃げ続ける自閉性を抱え込んでいる「僕」の生き方に問題があるのではないでしょうか。「僕以外の僕」とは、そうした「僕」の自閉性を問題にしている存在であることを、生徒自身の言葉で作品を引用しつつ、口頭説明や文章で記述できることを到達ラインとして想定します。

2　「ＯＫ」と、「うん、うん、いや、うん、いや、いや、いや……」は何を意味しているのか

文学作品を教室で読む際には、「細部」に着目させることが重要です。「細部」に極めて重要な「仕掛け」が込められていることがあるからです。「鏡」では、見回るチェックポイントのたびに繰り返される「ＯＫ」と、壊れたプールの仕切り戸が風にあおられてならす「不規則」な、「うん、うん、いや、うん、いや、いや、いや……っていった感じの音」も、注目すべき「細部」と思われます。

チェックポイントに「ＯＫ」という言葉を入れるのは夜警の仕事として当然ですが、この作品では、「僕」が自身のあり方を揺さぶるような「僕以外の僕」＝《他者》の問題を排除し、自分の世界の中に閉じている様子と重ねあわせて読むこともできると思います。逆にその自閉性を揺さぶるものは、壊れたプールの仕切り戸が開閉する音が「うん、うん、いや、うん、いや、いや、いや……」というように聞こえることに、既に表れていました。そもそもプールの仕切り戸が「ばたんばたん」という音を立てていたことは一度目の見回りのときから「僕」は知っていましたが、それは壊れていたからという理由ですませられれば、理解可能な範囲内です。しかし、「その音が何かしらさっきとは違うような気」がし、「うまく体に馴染まない」と感じ、二度目の見回りに「意を決して行くことにした」際にはそれではすませられません。「体育館と講堂とプール」は「どれもＯＫだった」のですが、「戸」は頭の狂った人間が首を振ったり肯いたりするみたいな感じ」で「不規則」に先述したような音として聞こえてしまうのです。これは「ＯＫ」ではないもの、了解不能の《他者》の問題の現れの発端だ

ったと言えます。

そして「OK」ではないものの極点として、「鏡」、つまり「僕以外の僕」と、「僕」は出会います。しかし「僕以外の僕」という了解不能の《他者》の問題と直面したときに「僕」が行ったのは、「鏡」に向かって木刀を思い切り投げつけ、「僕以外の僕」を見えなくするという行為でした。その後、「後も見ずに走って部屋に駆けこみ、ドアに鍵をかけて布団をかぶっ」ているなか、仕切り戸の開閉する音は「うん、うん、いや、うん、いや、いや、いや……」というように朝まで続いて聞こえ、「僕」は眠れていません。しかし、「僕」はそれが何を意味していたかを考えることはありませんでした。戸が開閉する音が「うん、うん、いや、うん、いや、いや、いや……」というように聞こえてしまうことが、「僕」の問題性を揺さぶるチャンスでもあると気付くことを到達ラインとして想定します。

3 「鏡」とは何か

この小説のタイトルは「鏡」です。〈語り手〉の「僕」は、語ったお話の方では、鏡体験の話をしつつ、終章では、「もちろん鏡なんてはじめからなかった」と語ります。と同時に、この〈語り手〉は「ところで君たちはこの家に鏡が一枚もないことに気づいたかな」と「鏡」のことをもち出すのです。「鏡」はあったのか、それともなかったのか、このような素朴な問いを生徒はもつでしょう。大切なのはそれを作品全体の文脈の中で問題にしていくことです。この問いに関するならば、なぜそのように「僕」に現象してくるのか、と教室で探究することです。ここでは、真夜中に「僕」が見た「鏡」は確かにその瞬間「僕」の中で存在したものとして捉えるという、世界観認識が要請されているのです。その地点から、あの「鏡」は何であったのか、なぜこの事件が自分に現象したのか（あるいはその翌日にはもう現象しないのか、ということも含めて）という問題と格闘することが「僕」には求められていたと考えることが大事です。そのとき「鏡」が自分に現象したことの意味を突き詰めていけば、〈自己倒壊〉と共にそれまでの生き方を変えることになり得るからです。前述したプールの仕切り戸の音が「うん、うん、いや、うん、いや、いや、いや……」というように「僕」には聞こえていたという問題と、なぜ「鏡」の事件が自分に現象したのかということを、自らの中で結びつけ己を問う契機でもあったとも言えます。それは、例えば「体制打破」という名のもとに、自らの外に問題を見つけそこから逃れようとする生き方ではなく、自らの内側、つまり自らの世界観認識の側にこそ問題の根があるということと対峙する生き方への転換が求められていたことに気付くチャンスでもあったはずなのです。しかし、「僕」はその問題から逃走しています。真夜中に見た「鏡」はそこにあったと捉えることが、「僕」が自分自身のありようを問うための欠かせない条件であったということを、作品の言葉を根拠にして説明できることを到達ラインとして想定します。

4　〈機能としての語り手〉は〈語り手〉の「僕」をどのように相対化しているのか

さらなる問題は当時の「僕」だけではなく、〈語り手〉の「僕」もまた、その世界観認識の問題から逃走して、若者たちに、「もちろん鏡なんてはじめからなかったよ」と、通常我々が陥っている「現実／虚構」の二分法で語ってしまっているということです。そうした二分法ではなく、そもそも我々が捉えている現実は現実そのものではなく、全てが「真実」あるいは「虚偽」だという地平から、認識主体を問わなければなりません。つまり、「語る現在の僕」を徹底的に問わなければならないでしょう。なぜいまも「鏡が一枚もない」のかというよりは、なぜ「鏡」を置けないでいるのか、ということが問題にされなければならないのです。それは「鏡」が「僕」の自閉性を照らし出す装置になる可能性があり、「鏡」を置くとそこに「僕以外の僕」という了解不能の《他者》の問題、世界観認識の転換の問題と直面せざるを得なくなるからです。「語る現在」の「僕」には、そうした闇が抱え込まれています。〈機能としての語り手〉は、〈語り手〉の「僕」のそうした自閉性を（あるいは視点人物の「僕」を相対化できていない〈語り手〉の「僕」の問題を）囲い込み、顕在化させているのです。

その際、現在の「僕」の語り方を問題にすることが肝要です。鏡を恐ろしくて置けないにもかかわらず、「鏡が一枚もないことに気づいたかな」という語り方をし、かつて二〇のチェックポイントに「ＯＫ」「ＯＫ」と記入してきたような感じで若者たちの話を「いくつかのパターン」に分類し、しかも「向き」「不向き」があるというように腑分けしていく「僕」は、自らは傍観者的で、高みに立つ姿勢でいます。また、「僕」は、「僕という人間は幽霊だって見ないし、超能力もない。なんというか、実に散文的な人生だよな」と自身について冒頭語っているわけですが、了解不能の《他者》の問題に触れる不条理な体験をしたにもかかわらず、それを条理の枠に入れ込み自己のありようを問わない語り方をするあり方は、かつて「僕以外の僕」が憎しみの眼をもって見た「僕」と変わりません。そのこともまた〈語り手〉の「僕」に見えておらず、〈機能としての語り手〉が〈語り手〉を相対化して、照らし出している領域です。

語られた「僕」が抱え込んでいた問題を、「語る現在」の「僕」がより一層深刻なかたちで抱え込んでいることを、〈語り手〉の「僕」の語り方を根拠にして説明できることを到達ラインとします。

Ⅱ　教材価値／学習価値

教室では、文学作品を「寓意」として読ませてしまいがちです。生徒に「分かった」と思わせたいからですし、教師自身も「分かったつもり」になって臨んでいるからです。「鏡」という作品では、例えば、体制打破という生き方を一貫させなかったことの自業自得としていまなお鏡におびえなければならないということの寓意であるというような読み方がそれにあたります。しかしこうした読みでは、「寓意」として読み手が自らの了解可能な範囲に作品を回収していくに過ぎず、〈自己倒壊〉は起きません。この〈語り手〉の「僕」が不条理と向き合うことを回避し、若者たちに「上から目線」で語るような問題性を、読み手も抱え込んでしまうことになります。しかし、この作品を、〈語り手〉の「僕」を相対化する〈機能としての語り手〉を構造化することは、「語る現在」の「僕」を相対化し厳しく批評することを読み手に要求するだけではなく、「読み手」自身が、《他者》の問題、つまり世界観認識の転換を回避して安全地帯に立つことをも許さなくなります。「読み手」はそれぞれ、自分にとっての「僕以外の僕」との対峙を避けられなくなりますし、自らの「語ることの虚偽」にも向き合うことになります。生徒も教師も同じです。ここにこそ、自閉した認識のかたちを拓く核心があります。そこにこの教材の〈学習価値〉があると言えるでしょう。

付記　作品の引用は『村上春樹全作品1979～1989⑤短編集Ⅱ』（一九九一、講談社）による。

「鏡」の授業構想

難波博孝

Ⅰ 「鏡」でつけるべき力（目標）

最初に、「鏡」でつけるべき力、学習目標について、教材研究を受けて確認しておきます。

まず、あらゆる学校（国語科を含めた）の授業は次の「教育の目的」を持つべきだと考えます。これは、新学習指導要領では「人間性等」とも呼ばれるものであり、本書の総論では〈価値目標〉と述べるものです。

教育の目的（人間性等）〈価値目標〉

○「（自己や他者、世界を）問い続ける存在となる」

次に、「鏡」で身につけるべき国語科の目標（教科の目標）を示します。国語科の目標は総論で述べるように、「学びに向かう力」（〈態度目標〉）・「思考力・判断力・表現力等」「知識・技能」（総論ではいずれも〈技能目標〉）に分かれます。これらの教科の目標は、作品研究や教材研究の成果に立ってつくられています。

単元（題材）目標

⑴ 学びに向かう力〈態度目標〉

○「鏡」という作品が、現代に生きる私たちにどのような問題を提起しているのかについて探求する。

⑵ 「読むこと」の「知識・技能」

○「僕」が回想で使用する擬音語や比喩表現について、そのことの意味を問い直す。

⑶ 「読むこと」の「思考力・判断力・表現力等」ＡＢ

Ａ 「僕」の行動と考えについて問い直す。

Ａ 語りの世界（構造）と登場人物の世界（構造）の相違とその連関を問い直す。

Ａ 語りを超えた世界を想定し、小説全体をその世界との関係で問い直す。

Ｂ 「僕」が見たものは何だったのかについて、自分なりに根拠を持って考える。

Ｂ 「僕」は最後に、自分の現在の家に鏡が一枚もないと語っているが、そのことによってどのような問題が現れてくるのか、考える。

Ⅱ 「鏡」の単元提案（全四時間）

本単元提案は、三つのレベルの単元を合わせて示しています。最初は共通していますが、途中から三つに分かれます。学校の実情、あるいは学級実態に合わせて選択していただきたいと考えています。

第０次……「学びに向かう力」形成／「教育の目的」への誘い 各プランとも全4時間

「鏡」は学習者に近い年代の作品であり、五〇年前の学生運動のことが載ってはいますが、理解するのにそれほど難しい作品ではありません。ただ学生運動などについての理解があったほうがいいと考える場合は、教材を読む前に当時のニュースフィルムがインターネットにあるのでそれを見せましょう。

より大事なことは、「鏡」についての、体験や怖さについて出し合っておくことです。鏡の中の自分が、自分でありながら自分でないと感じたことはないかなど、鏡にまつわることを話し合うのです。併せて、意識と無意識／意識上の自己と無意識の自我などの話をしておくと、後で、主人公の「僕」の問題を考える上でさらに役立つと考えます。

プランabc共通

第一次（一時間）……範読とナゾの提出／「学びに向かう力」と「知識・技能」形成

この時間では、まず、重要語句、漢字、難語句の説明がついた本文プリントを、それらの語句を説明しながら範読する、いわゆる着語（じゃくご）の教師音読を行います。これは、理解の妨げになる語彙などを、文脈を損なわずに文章全体を理解させるためです。また、耳から語りを聞くことで、最初の全体的な印象をつくるものでもあります。その際、擬音語（仕切り戸の音など）に注目させておきます。最後に、「鏡」を読んでいく中で解きたい〈ナゾ〉を書かせ提出させます。ここから、三つのプランに分かれます。

プランa

第二次（三時間）……「知識・技能」形成→「思考力等A」形成

第二次一読目（一時間）……人／事を読む、ナゾを決める

まず、登場人物を確認した上で、あらすじ一文要約（「○○のAが、△△なBと出会って、□□のAとなる話」という一文に要約する）を行います。一文に要約させることで、出来事と登場人物の心情をざっくりおさえます。ここでは、「○○の『僕』が、△△と出会って、□□の『僕』となる話」という形でまとめさせるようにします。個人で考えた後、黒板に全員分書き出させます。そこで、各個人の共通点と差異を確認し、「僕」の変化をクラス全体がどのように捉えているかを確認します。

次に、グループをつくらせ、それぞれのグループで生徒に音読をさせます。できれば音読をする生徒は各グループ一人のほうが望ましいでしょう。このグループでの音読とその聞き合いによって「怖い体験談の会」を擬似体験させ、この小説の「聞き手」に学習者を近づけさせます。

その次に、第一次で提出した「鏡」についてのナゾの一覧表を確認し、その中で個人として解きたいナゾ、グループで解きたいナゾ、そして、クラスとして教師が解いてほしいナゾ（生徒の中にあれば合わせてそのことを伝える）を決めます。クラスで解いてほしいナゾとは、

○「僕」が見たものは何だったのか（ナゾⅠ）

または

○「僕」の家には今なぜ鏡がないのか（ナゾⅡ）

とします。プランａでは、ナゾⅠを中心に単元を進行します。

最後に、ナゾⅠについての生徒それぞれの最初の答えを書かせます。

第二次二読目（一時間）……関係を読む

最初に、この小説において、擬音語（仕切り戸の音など）がどのような効果を持つか（戸の音が「うん」と聞こえることと「ＯＫ」の類似性や、「うん」に「いや」が入ることで、「ＯＫ」の連鎖が破られることを示唆していることなど）について、教師が説明します。このことにより、細部にまで作者（正確に言えば「機能としての語り手」）の意図がはりめぐらされていることを知らせます。

次に、前の時間に作成したナゾⅠについての最初のそれぞれの答えを一覧にしたものを配布し、それをもとにグループでの討議を行います。そこでは、小説の叙述をもとに、自分で理由づけしながら発言することを促します。また、生徒のナゾときが「『僕』自身と出会った」というレベルで止まっ

ている場合は、鏡の外の「僕」と中の「僕」とがどのように違うのか、また、なぜ鏡の中の「僕」が外の「僕」を憎んでいると外の「僕」が感じるのか、また、鏡の外の「僕」について、『僕』がそうあるべきではない形での『僕』」とは何なのかについて、留意するように伝えます。ここでは、「鏡の中の『僕』」が、抑圧された自分の深い内面、見えない内面であったことがおさえられたらよしとします。

グループ討議した結果を、グループ代表が板書するなり、ミニホワイトボードに書き込むなりし、また、クラス全体に報告します。その上で、クラス全体で討論し、最後に、「『僕』が見たものは何だったのか」について自分の考え（＝再度の答え）を書きます。

第三次（一時間）……「思考力等B」「人間性等」形成

前時につくった「『僕』が見たものは何だったのか」について自分の考え（＝再度の答え）のいくつかをクラス全体に紹介します。その後、最初に書いたあらすじを「〇〇の『僕』が、△△の『僕』と出会って、□□の『僕』となる話」として手直しさせ、全体で発表します。

最後に、「鏡」が、現在―回想―現在となっていること、語り手である「僕」は、このような怖い体験をして変容したはずなのに、表面上は変わっていないように振舞っていること、にもかかわらず、鏡が家にないように、心の底では変容を遂げていることから逃げていることを指摘し、今後は、語り手や時間軸について留意して小説を読むように伝えます（このプランaは、語り手概念が未形成のクラスに向けています）。

プランb（第一次までは、プランaと同じ）

第二次（三時間）……「知識・技能」形成→「思考力等A」形成

第二次一読目（一時間）……人／事を読む・ナゾを決める

基本的にプランaと同じで、一言あらすじをつくり、次にナゾをつくりますが、クラスで解いてほしいナゾは、

○「僕」が見たものは何だったのか（ナゾⅠ）
○「僕」の家には今なぜ鏡がないのか（ナゾⅡ）

の両方とします。これら二つのナゾについて最初の答えを書いておきます。

第二次二読目（一時間）……関係を読む

まず、この小説の時間構造について把握するように伝えます。この小説の「僕」が生きた時間順に並べてみるように指示します。高校（一九六〇年代末）→大学進学拒否→肉体労働二年・日本放浪→放浪二年目の秋に新潟の中学校で警備員（夜警）→……→鏡をなしにする……→怖い体験談の会（仮に出版されたときとすると一九八三年、三一～三二歳）そしてこの小説は、上のようなことを全て体験してきた上で「僕」がその会に来た人々に語っていることを確認します。

次に、前の時間に作成したナゾⅠ、ナゾⅡについての最初のそれぞれの答えを一覧にしたものを配布し、それをもとにグループ討議します。そこでは、小説の叙述をもとに、自分で理由づけしながら発言することを促します。また、ナゾⅠに関しての留意点は、プランaと同じです。

ナゾⅡに関しては、最初の現在の場で、「幽霊だって見ないし」、「超能力もない」、「散文的な人生

だよな」と言っていることと対照しながら考えるように促します。

グループ討議した結果を、グループ代表が板書するなり、ミニホワイトボードに書き込むなりし、また、クラス全体に報告します。その上でナゾについての再度の答えを書きます。

第二次三読目（第三次と合わせて一時間）……語りを読む

最初に、擬音語（仕切り戸の音など）がどのような効果を持つかについて知らせます（詳細はプランa参照）。

次に、改めて、語り手の「僕」がどう語っているかを見ていきます。回想を語る「僕」は、過去を引きずって語っています。その語りの内容には、したがって、過去から現在に至るまでの「僕」の人生が反映されているはずです。ここでは、ナゾⅡの生徒の答えを参照しつつ、「幽霊だって見ないし」、「超能力もない」、「散文的な人生だよな」と今の自分を評した「僕」の家に鏡がないことについて考えます。そのために、回想シーンでの出来事が「僕」の内面にどんな影響を与えたかを考えること、また、おそらくは回想シーンでの出来事が現在の自分に影響を与えたはずにもかかわらず、今の自分を「僕」が「幽霊だって見ないし」、「超能力もない」、「散文的な人生だよな」とわざわざ評したかについて考えます。ここでは、鏡の中の「僕」として見えた「『僕』の中の抑圧された『僕』」の存在を、語り手としての現在の「僕」が見ないようにしていることがおさえられたらよしとします。

まずグループ討議で討議し、その結果を、グループ代表が板書するなり、ミニホワイトボードに書き込むなりし、また、クラス全体に報告します。その上でクラス全体で討論し、最後に、ナゾⅠ、ナゾⅡについての最終的な個人回答を書かせます。

第三次（第二次三読目と合わせて一時間）……ナゾとき／「思考力等B」「人間性等」形成

ここまで行ったナゾⅠ、ナゾⅡについての最終的な個人回答の一覧表を配ります。それを見た上で、最初に書いたあらすじを「○○の『僕』が、△△の『僕』と出会って、□□の『僕』となる話」として手直しさせ、全体で発表します。

そして、「鏡」が、現在―回想―現在となっていることの効果について、二つのナゾとの関連で説明します。そして、このような構造の小説が他にも多数あることを紹介した上で、なぜこのような小説の組み立てが小説として有効なのかについて説明します。小説が、再読され得ることを考えてつくられていること、一読目と再読以後との印象が異なる理由の一つが、ここで述べたような小説構造にあること、つまり、既に何らかの心の傷やショックを受けそれを抱えてきた主人公が語っていたのだと分かったあとでは読後感が変わることを計算していることを指摘し、「鏡」の場合は、そのショックに「僕」が向き合わないまま、相変わらず上から目線で人とも自分とも接していることを、他ならない「『僕』自身の深い内面（＝「鏡の中の『僕』」）」が憎んでいること、つまり、「僕」自身の現在の表面的なふるまいやありようも、現在の「僕」の深い内面が憎んでいることを描くためにこのような構造をとっていることを生徒に伝えます。

プランc（第二次の三読目の一時間目まではプランbと同じ）

第二次三読目の続き

ここまで行ったナゾⅠ、ナゾⅡについての最終的な個人回答の一覧表を配ります。それを見た上で、最初に書いたあらすじを「○○の『僕』が、△△の『僕』と出会って、□□の『僕』となる話」として手直しさせ、全体で発表します。

次に、「鏡」が、現在―回想―現在となっていることの効果について、二つのナゾとの関連で考えさせます。この小説が、先に見たような時間順になっているにもかかわらず、実際の小説の構造は現在―回想―現在となっていることを指摘し、このような構造の小説が他にも多数あることを紹介した上で、その効果を考えます。

なぜこのような小説の組み立てが小説として有効なのかについて、まずグループ討議で討議し、グループ討議した結果を、グループ代表が板書するなり、ミニホワイトボードに書き込むなりし、また、クラス全体に報告します。その上でクラス全体で討論し、個人の回答を書きます。

その際、小説が、再読され得ることを考えてつくられていること、つまり、一読目と再読以後との印象が異なるようにつくられていること、「語り手」も、語っている出来事を全て分かっているのではないこと（特に、語り手自身の内面は）を指摘した上で考えさせます。

第三次（一時間）……ナゾとき／「思考力等B」「人間性等」形成

前時間に書いた、現在―回想―現在となっていることの効果について、個人の考えの一覧表を確認します。その上で、「小説」というものは、語り手自身の表層と内面も見えるような形でつくられていることを説明しておきます。

最後に、「鏡」の二つのナゾおよび「鏡」における構造と表現の効果について、自分の考えと理由、根拠となる叙述をホームページにアップします。

付記　作品の引用は『村上春樹全作品／1979～1989⑤短編集Ⅱ』（一九九一、講談社）による。

総論　第三項理論が拓く文学研究／文学教育

学問として〈近代小説〉を読むために

田中　実

我々の住む世界は言語以前に存在し、言語はこの世界の様々を表現する記号系である、という通念を改めなければならない。世界は言語と独立に存在するものではない。世界の事物や状態がかくかくであることは言語によってそうなるのである。もちろん言語が世界を無から創造産出したなどというのは荒唐無稽である。しかし、言語が世界のあり様を制作するのだ、とまでは言ってよいのではあるまいか。／そして言語は人間の生活の中で造られ、人間の文化の中で伝えられる。その言語が世界のあり様を制作する、というのは、この無機的な世界に人間的意味を与えることである。

（大森荘蔵『思考と論理』所収の「13　言語と世界」の「要約」二〇一五・一一、ちくま学芸文庫）

I　人類の課題

(1) 神の非在から客体そのもの＝〈第三項〉へ

一九九一年一二月、ソビエト連邦が崩壊、長かった冷戦構造の時代は終わりました。すると、二〇〇一年九月、「アルカイダ」によるアメリカ同時多発の自爆テロが起こり、二〇〇三年三月、アメリカ・イギリスは大量破壊兵器保有の疑惑を名目にしてイラク戦争を仕掛けましたが、肝心の大量破壊兵器はありませんでした。その後、「イスラム国」が誕生、自爆テロとその応酬はさらに激化、世界には難民が溢れ、絶対であるはずの《神》ともう一方の絶対であるはずの《神》との闘いは終わりません。こうした世界情勢は我々に、《神》とは何かが解らなくなるとか、それまでの絶対が絶対でなくなるといった《神》への不信、《神》の不在ではなく非在、究極のアナーキズム・ニヒリズムを突き付けているように思います。しかしながら、《神》もアナーキズム・ニヒリズムも結局、人間の言語を介在して現れるのであり、言語の向こうは〈言語以前〉、プロローグに掲げた大森の言葉を借りるのなら、「無機的な世界」です。しかし、我々が五感で知覚し、意識できる世界は〈言語以後〉なのです。人類は長く、水や空気や食物連鎖といった生命を支える領域を実体とし、これを生命の源泉としてきました。ここには生きるための紛れもない客観的な現実の実在を捉えることができます。しかし、実はその実在の認識こそ、生き延びるために、言語体系によってそう捉えている、すなわち「言語が世界のあり様を制作」しているところ、人類の文明の歴史はこの言語によって築かれてきたのです。ここで肝心要なことは「無機的な世界」、永劫の沈黙世界である〈言語以前〉の領域に、主体と客体の相関の外部にある客体そのもの、〈第三項〉を措定することです。これによって我々人類が知覚し、認識する領域を囲い込むことが可能になることをこれから論じます。

ここでは以下に論じる対象を文学作品の物語・小説に限定して考えますが、文学作品をいかに読めば、「読むこと」が学問及び科学の対象となるのか、これを考え、「読むこと」の革命に共に参加しましょう。但し、このことは物語・小説の表層のレベルは問題になりません。その神髄を読もうとするとき、浮上することであり、既存の価値を瓦解する際に起こることです。文学とは存在をめぐっての価値領域にあるとわたくしは考えています。

まずは、書かれた文字（＝エクリチュール）を対象にして考えてみましょう。「読む」とはこの文字の「カタチ」（＝シニフィアン・視覚映像）を視神経で知覚して脳内で「概念」（＝シニフィエ）を現象させ、これが一定の速度で連続してそれぞれの文脈・コンテクストを生じさせています。この人間の意識には現れない「カタチ」（＝シニフィアン・視覚映像）と「概念」（＝シニフィエ）とが脳内で一旦分離することで言語活動が発生することが肝心です。文字それ自体がキャッチボールのように読み手と対象の作品の文字の連なりとの間で往復するのではなく、言語の「概念」と聴覚映像、文字なら、「概念」と「視覚映像」との分離と再結合が無意識の領域で行われ、語彙の「概念」の連なりによる文脈・コンテクストを現象させ、自身でこれを捉えているのであり、客体の文字の連なりである文章それ自体を捉えて読むことはできなかったのです。しかし、そもそも文章それ自体がなければ、読む行為もはじまらないので、直接捉えることのできない文章それ自体を、主体と客体の外部に〈第三項〉として措定する必要があるのです。〈第三項〉それ自体は永遠に沈黙して了解不能、読むことに原理的に「正解」は永遠にない、自身のコンテクストに返るしかない、このないとは、「正解」が隠れて見えなくてないのではない、本来的に究極的にない、了解不能・永遠の沈黙である、この相違が認識のレベルでは先の《神》の**不在ではなく非在**の意味で**ない**のです。したがって「読むこと」の無効、文化研究（カルチュラル・スタディーズ）への移行という世界の趨勢から文学作品の読みの奪回をするには〈第三項〉の文学理論・〈第三項〉論を必要とします。

〈読み〉におけるポストモダンの運動をわたくしはロラン・バルトの「作品からテクストへ」（花輪光訳『物語の構造分析』一九七九・一一、みすず書房）の用語を使って、三期に分けています。第一期は構造主義の時代、ここでは「正解」を残し、客体の対象に実体があり、読み手はここに容易に辿り着けないために、それぞれの「正解」を認め、許すしかない、これをバルトは「容認可能な複数性」と呼びます。「正解」は客観的には存在していると捉え、それが現状では捉えられないために、ここに立つしかないと考えるのです。第二期がこれを完璧に斥けた「還元不可能な複数性」の時代であり、ポスト構造主義の時代です。言語の機能とは前述して明らかにしたように、そもそも主体が捉えた出来事を主体自身が受け取る働きでしかなかったのであり、客体の対象そのものを捉える働きではなかったのです。バルトは完璧なアナーキーが現象しているとし、世界観認識を百八十度転倒させたのでした。幾度も幾度も述べてきたことですが、これが日本の文学研究には同時に流通したため、両者がどちらも同じ「テクスト」という概念で理解されて、混同され、「読むこと」は昏迷して学問の対象から脱落したのです。「読むこと」は主体の一回性の行為であって、「正解」の可能性を完全に消失します。ロラン・バルトはそのため前掲「作品からテクストへ」で「「テクスト」は、たとえ自由な解釈であっても解釈に属することはありえず、爆発に、散布に属する」とか、「生命の《尊重》は、「テクスト」にとってまったく不要である」とかと主張しました。そのため、文学研究は文化研究（カルチュラル・スタディーズ）へとスライドし、文学の終焉が声高に言われることにもなったのです。しかし、バルトはここから、これを超えるべく第三期に転身、『明るい部屋　写真についての覚書』（花輪光訳、一九八五・六、みすず書房）を書き、他方『ロラン・バルト講義集成3　小説の準備―コレージュ・ド・フランス講義1978-1980年度』（石井洋二郎訳、二〇〇六・一〇、筑摩書房）を用意していました。日本の近代文学研究では、文化人類学を応用した都市論の担い手、前田愛の『都市空間のなかの文学』（一九八二・一二、筑摩書房）はバルトの第一期に当たります。ここでの実体概念から関係概念へのシフトは上げ底、第二期に向かわざるを得ず、第二期でのアナーキーな絶対的壁の超え方こそアポリアだったのです。第三期から「読むこと」の再生・回復がはじまりますが、読むことに〈第三項〉を受け入れれば、格別困難なことではありません。カルチュラル・スタディーズから文学研究が独自に再出発するには「読むこと」が一回性の行為の連続であることを認め、そこに語り得ぬ〈第三項〉を措定して対象を捉えればよかったのです。

Ⅱ　言語の制作／池田晶子「言葉の力」

(1)　池田晶子「言葉の力」

かつて池田晶子の哲学エッセイ「言葉の力」が教育出版の教科書『中学国語3』平成一八年度版に収録された際、わたくしは教師用指導書の執筆を担当、その後、「池田晶子『言葉の力』の読み方―HOWとWHYの問題―」（『道標』二〇〇七・三、教育出版）を論じ、二〇〇七年五月、日本文学協会国語教育部会の拡大例会では当の池田晶子とのシンポジウムが企画され、池田氏も登壇予定でしたが、二月二三日に氏が急逝され、そのため、追悼の思いを込め、さらに「ＨＯＷとＷＨＹの問題―中学国語教材　池田晶子「言葉の力」をめぐって」（『研究紀要Ⅸ』二〇〇七・八、科学的「読み」の授業研究会編）を発表しました。池田晶子は、人はそもそも〝何故（ＷＨＹ）生きて、ある・いる〟のか、一四歳の中学生達にそのいのちの不可思議さ・不可解さに触れさせようとしたのであり、そこにわたくしも強く共鳴します。池田は『言葉の力』でまず「そもそも、ある物をある名で言うと決めたのは、誰だったろうか」と、言語の起源を問いかけ、「この物をこの名で呼ぼうと皆で決めるためには、この物とこの名とは同じことを意味すると、皆に先にわかっていなければならない」、「言葉の意味」は「実は、地球や宇宙が生まれるより前から、どういうわけだか存在している」と論じて人間を超えた絶対的存在の実在を認める立場に立ち、「言葉には、万物を創造する」力があると論を進めます。もちろん、池田は神への信仰のレベルでこれを述べているのではなく、認識の問題として論じています。教育出版の教師用指導書にわたくしは学習者から「何を言っているか解らないという不満や、そんなはずはないという反発も起こることを覚悟しておかなければならない」と述べましたが、当時はその根拠に踏み込むことができませんでした。

(2)　言語の誕生は人類の誕生

人も物も「物」、物質です。宇宙の反物質（ダークマター）と呼ばれるものも含め、我々人類は言語によって「物」を捉え、「物」と「物」とが作用して「出来事」をなす、この出来事の領域を「現実」とし、文明を発展させてきました。我々は生まれ落ちたときから、あらかじめ言葉、すなわち、ラングが前提になっているため、こうした始源を考えることは容易ではありません。わたくしはソシュールが唱えたごとく、我々の見聞きする現実の外部の厳然たる「物」そのもの＝「無機的な世界」と言葉とが結び付くのではなく、「オト」＝純粋な物理音ではない知覚される聴覚音（＝シニフィアン・聴覚映像・記号表現）とその「イミ」（＝シニフィエ・概念・記号内容）とはそもそも恣意的に結合したもので、その後言葉は言語体系（ラング）をなし、知覚した出来事に意味が与えられ、それが世界をつくり出していった、と考えます。ある共同体の場で発せられた「オト」や目に見える「カタチ」が脳内で一定の「概念」を持ち、そこに生き延びる条件の場を確保する、これが**言語の誕生**であり、それが人類なる生物を誕生させます。すなわち、言語は「概念」を共有する共同体の中だけで独自の世界を創造していきます。

これに対し、人類以外の生き物も広い意味で言葉を持っています。蟻でも蜂でも、ある記号＝オト・カタチと一義の「イミ」がつながって、蟻共同体・蜂共同体のメカニズムが働いていますが、人間の言葉は、「イミ」が純粋一義の記号内容ではなく、より意味の広がりと深さ、奥行きを持った、多義性を抱え込む言語内容、すなわち「概念」を共有し、これが他の生命共同体と異なる人類共同体社会を形成したとわたくしは考えます。これは言語があってその後人間がつくられたのではなく、言語と人間は同時に発生し、言語によって物の見方や捉え方が決まり、物が物として認識される、すなわち、あらかじめある永遠の沈黙する「無機的な世界」を言語が客体の「物」として可視化して「物」が現れる、つまり、「物」も言語も同時に発生するということです。それぞれの言語は言語の体系をなし、それぞれ独自の文明を発生・誕生させ、それぞれの神話、異なる物語を生み出し、今や、情報化社会にまで到達、量子力学の時代になっています。百年後、千年後の人類がいかなる文化・文明を築いているかわたくしには想像もできませんが、どんな文明や文化であろうと、人類はやはり言語の「概念」によって思いがけない物語を生み出しながら生きているでしょう。《神》という絶対なるものの観念も、それぞれの言語体系の中に、あるいは共に生まれたのです。《神》は言葉と共にあるとは、その意味でしょうし、言葉が《神》なるものを創造するのです。

そこで、先の池田晶子の『言葉の力』の断案、「ある物をある名で言うと決めたのは」、「決して人間ではなかった」、あるいは「言葉の意味」は「地球や宇宙が生まれるより前から、どういうわけだか存在している」を、神秘主義を招きかねない表現としてわたくしは斥けます。いや、これは池田晶子の個人的逸脱、一教科書の問題とのみ限定するのでは断じてなく、現代の学問それ自体が岐路にあることを示しているのです。池田晶子に言いたかったことは、「地球や宇宙が生まれるよりも前」に「言葉の意味」があるのではなく、人類が言葉の概念（シニフィエ）によって世界をあらしめている、人類と言葉の誕生は同時であるということです。

(3)　キーワード

わたくしは「〈本文〉とは何か―プレ〈本文〉の誕生」（『〈新しい作品論〉へ、〈新しい教材論〉へ1』一九九九・二、右文書院）で基本的にこうした世界観を考えてきたのですが、〈第三項〉という用語はその翌々年六月刊行の『文学の力×教材の力　理論編』（教育出版）の「〈原文〉という第三項―プレ〈本文〉を求めて」ではじめて使用し、以後これを今日まで更新しています。

まず今、我々読者の眼前で目に見えている客体の文章のことを〈本文〉＝パーソナルセンテンスと呼び、これに先立つ客体そのものの文章＝第三項を〈原文〉＝オリジナルセンテンスと呼び、この存在を措定してこれと読み手に現れる対象である〈本文〉とを峻別しました。すなわち、永遠に沈黙する客体の〈原文〉があって、今読者の眼前に現象している客体としての対象の〈本文〉もあり、読書行為によってしか〈本文〉は〈本文〉足りえない、読書行為によって〈原文〉の〈影〉が読み手に機能して働き、これを意識化したとき、〈本文〉として対象化することができます。

これらのキーワードは、文学研究・文学教育の〈読み〉の領域において、《神》の非在に対峙する能動的アナーキズム、「還元不可能な複数性」と対峙するもので、〈読み〉におけるポストモダン運動の陥った袋小路を学問のレベルで克服するにはこの能動的なアナーキズムの克服が必須です。

(4)　研究の現状の一例（田近洵一との論争）とポストモダンの限界

二〇〇〇年七月、前掲『文学の力×教材の力　理論編』に収録されている「読みのアナーキーをどう超えるか—〈原文〉とは何か」の討議の場で、国語教育界の重鎮のお一人、田近洵一は読者が文学作品を読み返すと「元の文章」に返ることができると、ごく日常的には誰でも体験していることをそのまま発言し、わたくしを驚愕させました。何故驚いたかと言えば、わたくしは既に拙著『読みのアナーキーを超えて—いのちと文学』（一九九七・八、右文書院）を出版し、田近洵一・府川源一郎らの世界観を批判した後、翌々年前掲「〈本文〉とは何か—プレ〈本文〉の誕生」で「読むこと」の原理を公表しており、これに対する反論ではなく、拙稿とは全く対決せず、ごく日常的に使用されてきた世間常識から論じられていたからです。バルトのテクスト概念、「還元不可能な複数性」を克服して読む地平を開くには先に述べた〈原文〉と〈本文〉の峻別が必須、我々は永遠に客体そのものの〈原文〉は読めず、その〈影〉として現象する〈本文〉しか読めない、同じ文章を繰り返し読んでもそれはその都度、一回性でしかない、客体のインクの染みには返らない、「元の文章」などない、という認識が前提ですが、このことが近代小説の「読むこと」を学問の対象とするかどうかの岐路とわたくしには思われます。

対談「文学の〈読み〉の理論と教育―その接点を求めて」（田近洵一編集代表『文学の教材研究―〈読み〉のおもしろさを掘り起こす』二〇一四・三、教育出版）でも、田近はこう発言しています。

> 私は読むということは言葉に意味を与えていく行為だというふうに考えています。言葉というのは言語的資材。言語的資材としての語とその連鎖からなる文章は意味を持っていない。（中略）言語的な資材に戻らないわけにいかない。（中略）また、本文を問い直すとは、それらの知識を駆使して「語とその連鎖」としての文章、そこに戻っていく。

わたくしの結論は、「言葉というのは言語的資材」と言おうと、「語とその連鎖からなる文章」と言おうと、それらはラングとしての概念、意味を持っているはずで、そうでないなら「言語的資材」ではなく、「インクの染み」でしょう。田近が言いたいことはラングとして言語に概念はあるにしても、読み手が読むことによって読み手固有の意味を一回一回コンテクストとしてその都度新たにつくり出していく、それには「元の文章」＝「言語的資材」に戻るのだ、と考えます。そのため、プロローグに掲げた大森荘蔵の「要約」の問題を等閑に付すことになります。

　前述した通り、読書行為の瞬間、紙の上の文字では「概念」が剥奪されたインクの痕跡が取り残され、脳内現象の機能は一回性のものとして独自に働き、次に読まれるときは同じ「概念」が新たな主体の下、微妙に異なって毎回変容します。「読む」とは、言葉の視覚映像と概念の絶えざる分離と再結合という機能によるもの、客体の対象にそのまま還元されることはありません。「言語的資材」が意味を持っていないと言うのなら、それはもはやただのインクの痕跡であり、それを「言語的資材」とした瞬間ラングに組み込まれ、概念を持ってしまっています。文字の「カタチ」と「概念」とを分離させない、言語の語彙や文字、文章が読み手と書き手とに行き来するかのごとく読むのは田近に限らず、Ｉで論じたこと、時枝誠記の「言語過程説」やロマン・ヤコブソンの「言語学と詩学」では、そうした点に限り、素朴な言語観に基づいています。これではポストモダン以後の〈読み〉の新たな扉は開かないのです。繰り返しておきますが、言語が伝達を可能にするのは人間の意識を超えた「概念」と「聴覚映像」の分離と再結合の賜物によるのです。

　客体の文章は読めるとする点では同様の田近とわたくしですが、その意味するところは全く別です。「還元不可能な複数性」の手前にいる田近とその先にいるわたくしとはロラン・バルトの第二期、「還元不可能な複数性」を潜っているかどうかの相違、もう二〇年近く、敬愛する田近洵一と論争をしていますが文学研究、文学教育の現状を反映しているという点で、貴重な論争だとわたくしは考えています。この論争は文学教育界に限らず、近代文学研究の三好「作品論」でも同じ、そこには永遠に沈黙する第三項理論を必要とするかどうかの岐路があり、この岐路を踏まえて、本書で論じた作品を例に、〈近代小説〉を読むとは何かに改めて触れておきます。

Ⅲ　〈近代小説〉のパラレルワールドを拓く／『風の歌を聴け』／『舞姫』／『こゝろ』／『羅生門』

一九七九年、雑誌『群像』六月号（講談社）に登場した村上春樹の処女作『風の歌を聴け』は「完璧な文章などといったものは存在しない。完璧な絶望が存在しないようにね」と象徴的な一行から始まります。文章を書くことで現れる世界がその主体のまなざし・遠近法に応じて現れるものでしかないことを〈語り手〉の「僕」は十分に承知しています。いみじくも魯迅の有名な散文詩集『野草』に収録された「希望」で、「絶望は虚妄だ、希望がそうであるように」（竹内好訳）と語ったことと重なります。物語の大枠は〈語り手〉の「僕」が妊娠した恋人の自殺に至る出来事を数値でしか捉えなかった悔恨の過去を回想した手記です。語りの現在、自身が認識の闇に陥っていたことを相対化し得るがゆえに語ることができています。しかし、自身のパースペクティブのまなざしの外部に出ること、謂わば井戸の底の**「壁抜け」**（村上春樹『ねじまき鳥クロニクル』新潮社）まではできていません。これを求めて試行錯誤しているのです。しかし、それは発表当時はもちろん、現在も読者共同体に理解されているとは思えません。

『舞姫』は自殺はしませんが、同じく妊娠し、発狂した恋人エリスをドイツベルリンに捨てた出来事、物語を語るエリート官吏の留学生太田豊太郎、「余」の回想の手記です。「きのふの是はけふの非なるわが瞬間の感触を、筆に写して誰にか見せむ」と是・非を「語ること」それ自体が虚妄であると既に認識し、『風の歌を聴け』や魯迅の『希望』の世界と同様ですが、その虚妄から生身の〈語り手〉の「余」はいささかも脱出できません。豊太郎の識閾下には、免官になった太田家の跡取りに対し、諫死した母と恋人とのそれぞれが共に生きて、母と、その母が絶対に許さぬ恋人、双方の愛に引き裂かれ、これを相対化することのできぬ闇の中にあるのです。そのため自身の主観の真実を語ることはできても、手記の末尾の一行でも、「されど我脳裏に一点の彼を憎むこゝろ今日までも残れりけり」と良友相沢に責任転嫁し、自身のまなざしの虚偽性を抉り、捉えることはできません。生身の〈語り手〉にして視点人物「余」のまなざしの臨界こそ〈機能としての語り手〉が抉り出し、ほとんど「壁抜け」の多次元世界と隣接しているのです（拙稿「『舞姫』の恐るべき先駆性―近代文学研究状況批判／〈語り手〉の語らない自己表出」を参照、清田文武編『森鷗外「舞姫」を読む』二〇一三・四、勉誠出版）。『舞姫』発表の半年後、『うたかたの記』になると、そこには世界の複数性、「壁抜け」がはっきりカタチを現します。（拙稿「〈第三項〉と〈語り〉／〈近代小説〉を〈読む〉とは何か―『舞姫』から『うたかたの記』へ―」を参照、『日本文学』第66巻8号、二〇一七・八、日本文学協会）。それから九〇年近く時代の落差がありながら、鷗外と村上の二人の処女作が一種の相似形をなして〈近代小説〉の神髄を見せようとしています。

一方漱石、漱石の『こゝろ』の「先生」は死んだ親友と生きている妻とが先の豊太郎同様、その心の中では双方共に、生き生きと語り合っていました。自殺した友人に心で詫びて、妻と二人、幸せに暮らすということが自己許容の自己弁護、虚偽であることを倫理的な「先生」はよくわかっています。

そこで、一方で妻との恋を宗教的献身愛にまで高め、他方で自殺した友人との友情を全うするために一死を以て双方の愛情に応えます。それこそが「先生」の生きるに値する生、自身が生を輝かせる逆説なのです。弟子は「先生」の遺書を編集する際、二か所に手を入れます。「先生」の「よそよそしさ、愛する相手に踏み込めない弱点と剔抉し、これを超克するのです。しかし、そこに至るまでの自身の心の歴史、自身の物語までは語れません。『こゝろ』には「先生」の「壁」の内のりを弟子の手記が描き出していますが、弟子自身の時空間を自立させて多次元空間を表出させるところまでは及びませんでした。そこで次に自身の物語、『道草』で自伝を語ることになります。

『羅生門』は芥川なりの漱石文学の受容でもありました。

『羅生門』はセンチメンタルな視点人物下人が、結局あらかじめ自身が持っていた観念を反芻するしかない自己化の闇に陥る話です。「作者」を自称する〈語り手〉は「下人の行方は、誰も知らない」と自身の闇、認識の闇の深さに陥っている姿を抉り出していますが、「壁抜け」、その外部に出ることは叶いません。『こゝろ』の「先生」の「唯一の希望」を斥ける背信者にして手記の書き手である〈私〉の葛藤、「先生」の深層のメッセージに辿り着く〈私〉のレベルには至りません。これは意外でしょうが、志賀直哉の『范の犯罪』を内包した『城の崎にて』が継承しています（拙稿「近代小説の一極北―志賀直哉『城の崎にて』の深層批評」を参照、『文学が教育にできること―「読むこと」の秘鑰（ひやく）―』二〇一二・三、教育出版）。これを踏まえるポイントは、一枚の板に二人は乗れない「カルネアデスの板」にあります。漱石は『こゝろ』の後の『朝日新聞』の小説欄は、志賀直哉に書かせようとします。志賀の文学の力量を見抜いていたのです。

ここで、繰り返し述べてきた〈近代小説〉の神髄を改めて確認しておきましょう。三島由紀夫の『小説とは何か』（一九七二・三、新潮社）中の比喩で言えば、『遠野物語』の話者の曾祖母の幽霊の着物の裾が「炭取の籠」に触れてくるくると回り出す「炭取の籠」の小話、「超現実が現実を犯し」、「幽霊のはうが現実にな」る、三島は「小説の厳密な定義は、実にこの炭取が廻るか廻らぬかにある」と断言、『金閣寺』で言えば、「臨在録示衆の名高いその一節」、「裏に向ひ外に向つて逢着せば便ち殺せ」という教えです。これは、主客二元の相関関係を捉える際、〈第三項〉の空間を措定し、捉えていると信じた客体の対象世界は自身の〈影〉に過ぎないのだから、認識していると信じる主体を滅却させ、そのメタレベルに立つこと、自身の合理性・論理性・近代性・主体性、これらを瓦解させる〈自己倒壊〉を果たすことです。これが〈近代小説〉を読む秘鑰（ひやく）です。それには「カルネアデスの板」を必須とします。自分を殺すか、相手を殺すか、その問題に至るとき、了解不能の《他者》の問題が現れ、〈近代小説〉の神髄の地平が開きます。

付記　『舞姫』の引用は『新日本古典文学大系　明治編25『森鷗外集』』（小泉浩一郎・小川康子・山崎一穎・池田紘一校注、二〇〇四・七、岩波書店）により、『こゝろ』の引用は青空文庫による。

〈困った質問〉に向き合って
―文学作品の「教材研究」の課題と前提―

須貝千里

本稿は、田中実氏が提起する〈新しい作品論〉を「原作」としての「授業構想」のための「教材研究」のあり方について論じていきます。「学習課題」の抽出、整理に焦点をあてて、そのための課題とは何なのかについて提起します。「授業構想」とは、読者としての学習者の「読むこと」の活性化、了解不能の《他者》としての〈作品そのもの〉の〈影〉との格闘の過程のための、教師の側からの働きかけのことです。この働きかけにおいては、「教育の目的」としての、自己や他者、世界を問い続ける存在になることが学習者に求められています。そのための「学習課題」には学習者が作品に対して抱くナゾと向き合おうとすることが求められています。学習者のナゾは往々にして、教師の側にとって〈困った質問〉として出現します。したがって、〈困った質問〉との向き合い方が「授業構想」であるということになります。対象が文学作品の場合、「授業構想」の作成の過程で〈近代小説〉と〈近代の物語文学〉の違いという事態が問われていきますが、このレベルにおいても第三項としての〈客体そのもの〉＝了解不能の《他者》という事態が問われていきます。こうした課題と向き合っていくために、「教材研究」が求められているのです。

焦点は、ともに世界観認識をめぐる問題です。このことは〈世界像〉の転換という課題にかかわってきます。

I 新しい学習指導要領の課題と向き合って

二〇一七年三月に小学校・中学校の、二〇一八年三月に高等学校の学習指導要領が告示されました。高等学校では、「国語科」は、必修科目として「現代の国語」「言語文化」、選択履修科目として「論理国語」「文学国語」「国語表現」「古典探究」に再編成されました。本書との関連で言えば、「文学国語」が新設されることは注目に値することです。これをどのように受け止めるのかが問われています。小学校・中学校の学習指導要領の「国語科」の「教科目標」は「言葉による見方・考え方を働かせ、言語活動を通して、国語で正確に理解し適切に表現する資質・能力を次のとおり育成することを目指す」と書き出され、「適切に表現し正確に理解する」から「正確に理解し適切に表現する」（傍点引用者）へ、一九八九年三月十五日告示の「国語科」の学習指導要領にまで戻って書き換えられています（高等学校でもほぼ同様です）。このこともどのように受け止めるのかが問われています。高等学校の「国語科」の目標として「他者との関わり」が提起され、「文学国語」の指導事項に「語り手」という言葉が登場していることに注目しておきましょう。こうした動向は小学校、中学校でも指摘することができます。検討すべきことはこれだけではないのですが、詳細は別稿[1]に譲ることにして、ここでは、世界観認識をめぐる問題が実践のレベルにまで及んで提起されていることだけを指摘しておきましょう。

Ⅱ　第三項理論、「読むこと」の根拠、〈近代小説〉と〈近代の物語文学〉の違い

第三項理論(2)は世界観認識にかかわるグランドセオリーです。

これは、事態を〈主体〉と〈客体〉の二項で捉えるのではなく、〈主体〉と〈主体が捉えた客体〉とするのでもなく、〈主体〉と〈主体が捉えた客体〉と〈客体そのもの〉の三項で捉える世界観認識を前提にした考え方です。〈客体そのもの〉は到達不可能な、了解不能の《他者》です。しかし、〈主体が捉えた客体〉は〈客体そのもの〉の〈影〉の働きかけの中にあります。こうした世界観認識は〈世界像〉の転換が図られ続けていく事態とともにあります。言葉の内（＝〈わたしのなかの他者〉）と外（＝到達不可能な、了解不能の《他者》）という事態に向き合い、自己や他者、世界を問い続けることによって、です。このことは、〈言葉以後〉の世界を〈言葉以前〉の地点から囲い込もうとする「資質・能力」を育み、新しい学習指導要領の三つの「資質・能力」（「知識・技能」、「思考力・判断力・表現力等」、「学びに向かう力・人間性等」）に対しての問題提起となっていきます。この提起は、ポスト・ポストモダンの時代を拓き、「国語科」の解体と再構築を図っていくことを目指しています。

文学作品の教材研究と学習は未だ「読むこと」には正解があるのか、ないのかという問題に右往左往しています。周知のように、一九八〇年代を境にして、「読むこと」には正解があるという前提が

「読むこと」には正解がないという前提に転換されていきました。この動向を「国語科」におけるポストモダンの現れであると言うことができます。しかし、事態は、依然として正解があるとされたり、正解がないとされたりというように曖昧なままに放置され、混迷を重ねています。これが正解主義を前提にしたモダンを引きずった、エセポストモダン＝エセ価値相対主義という事態です。この事態は「国語科」を内側から腐敗させていきます。このことは「国語科」に限ったことではありません。今日の支配的な世界観認識はこのレベルで足踏みをしているのです。第三項理論はこうした事態を問題として照らし出し、克服への道筋を提起しています。支配的な世界観認識の〈自己倒壊〉を図り、〈世界像〉の転換を図ろうとしています。第三項理論は、世界観認識をめぐる問題として、「予測困難な時代」の課題とは何なのかを問うているのです。

「読むこと」の対象である〈原文〉は〈客体そのもの〉であり、到達不可能な、了解不能の《他者》です。〈原文〉の〈影〉の働きによって、読者に〈本文〉が成立します。〈原文〉の〈影〉の働き、これが「読むこと」の根拠です。〈本文〉は〈わたしのなかの他者〉ですが、その現れには、到達不可能な、了解不能の《他者》の〈影〉の働きという根拠があるのです。「読むこと」に正解はありません。〈わたしのなかの他者〉としての〈本文〉を絶対的な正解とすることはできません。しかし、〈本文〉には価値が問われています。学習者が、言葉の内（＝〈わたしのなかの他者〉）と外（＝到達不可能な、了解不能の《他者》）という事態に向き合い、自己や他者、世界を問い続ける存在になることが目指されることによって、です。このことによって、〈読み手〉の〈主体の構築〉、〈主体の再構築〉が図られていきます。このことが「読むこと」の授業の価値にかかわっていくのです。

それだけではありません。

第三項理論は〈近代小説〉と〈近代の物語文学〉の違いという事態を照らし出していきます。〈近代の物語文学〉は〈言葉以後〉の世界の中にあり、〈物語内容〉に対する〈語り手〉の意味づけと批評によって成立しています。〈近代の物語文学〉の〈読み〉においては、学習者の〈主体の構築〉（＝〈宿命の発見〉）が図られていきます。〈わたしのなかの他者〉としての〈語り手〉の世界が〈聴き手〉の〈場〉に開かれていきます。〈近代小説〉は〈言葉以前〉の地点から〈言葉以後〉の世界を囲い込もうとし、〈物語内容〉に対する〈語り手〉の意味づけと批評に留まらず、〈語ることの虚偽〉に対する批評の表出とともにあります。こうした批評は対象人物を読み深め、視点人物を囲い込んでいくことによって現れてきます。〈近代小説〉の〈読み〉においては、学習者の〈主体の再構築〉（＝〈宿命の創造〉）が図られていきます。〈わたしのなかの他者〉の問題を〈語り手〉にも問うていく〈聴き手〉の〈場〉の成立を〈読み手〉は拓いていくのです。

〈近代小説〉について、田中実氏は「客観描写」を問題の焦点として提起しています。「〈近代小説〉は〈引用者〉視点人物の内奥から一旦語られれば、視点人物自身の内なるまなざしを超えて、対象人物を語ることはきわめて困難です。人は相手から語ることは誰もできません。〈語り手〉もまたある人物の内奥に一旦沈み込めば今度はそこから抜け出すことはできない、この不可能性を抱えているのが『客観描写』であ」るとし、「〈語り―語られる〉相関に現れる、視点人物と対象人物の隠れている落差、そこに了解不能の《他者》を浮上させると、〈近代小説〉のアポリア、「客観描写」が実現します」、と。その上で、田中氏は「〈語り手〉には、自らの〈語ること〉の背理を克服することが要請されて」おり、このことは「〈語り手〉に限らない、実作者、〈作家〉自体の問題でもあり、〈中略〉〈近代小説〉の誕生に見合っています」と言っています。「事態に対し、超越的になりうる」こと、〈語り手〉が〈生身の語り手〉であるならば、〈語り手を超えるもの〉としての〈機能としての語り手〉の地平からの視界を拓いていくことを「読むこと」の課題として提起しているのです[3]。

ただし、こうしたことは小学校で〈近代の物語文学〉が教材、高等学校で〈近代小説〉が教材というような発達段階論に機械的に還元することはできません。また、教材価値の優劣の問題に還元することもできません。ともに「国語科」にとってかけがえのない「資質・能力」を育んでいくことにかかわっていくからです。〈近代の物語文学〉の教材価値も〈近代小説〉の教材価値もこうしたことを前提にして問われていきます。

Ⅲ　文学作品の「教材研究」の課題と前提

(1)　「読むこと」の基本原理は「初読」から「再読」へ

「読むこと」には「初読」から「再読」へという展開が求められています。「初読」は「読むこと」、「再読」は「読み直すこと」です。「学習過程」はこの展開に対応しています。

(2)　了解不能の《他者》の〈影〉との対話としての「読むこと」、「読み直すこと」

「読むこと」、「読み直すこと」の学習はナゾの探究の過程です。探究とは、〈わたしのなかの他者〉

に収斂し、その事態を絶対化してしまうことではなく、了解不能の《他者》の〈影〉と対話し続けることです。「資質・能力」として、言葉の内（＝〈わたしのなかの他者〉）と外（＝到達不可能な、了解不能の《他者》）という事態に向き合い、自己や他者、世界を問い続けることが求められているのです。

(3)　ナゾの探究としての「教材研究」と「授業構想」

「読むこと」、「読み直すこと」の学習におけるナゾの探究には、学習全体を貫くナゾと部分ごとのナゾとがあります。「教材研究」は、学習者が直面しているナゾを教師が直面しているナゾを踏まえつつ、さまざまなナゾの相互関係を考え、構造化し、解明しようとしていく過程です。「教材価値」としての「題材」に注目することを抜きにして、「授業構想」はありえません。このことは中教審答申が問う「主体的・対話的で深い学び」のためにも欠かすことができないことです。汎用的な「資質・能力」を想定し、それから逆算していくような「学び」であってはなりません。

(4)　ナゾの探究の過程は〈内容〉から〈叙述〉へ

「読むこと」のナゾは〈物語内容〉に対してであり、「どのような」と「なぜ」が問われていきます。「読み直すこと」における〈物語内容〉の把握は「あらすじ」の把握として進められていきます。「読み直すこと」のナゾは〈叙述〉に対してであり、「どのように」語られているのかと「なぜ」そのように語られているのかが問われていきます。学習全体を貫くナゾは、〈近代の物語文学〉においては〈語り手〉と登場人物の相関関係、視点人物と対象人物の相関関係のレベルに対応し、〈近代小説〉においてはそうしたレベルに留まらず、〈語り手〉と〈語り手を超えるもの〉（＝〈機能としての語り手〉）の相関関係に対応していきます。こうした関係の掘り起こしのためには、対象人物の側から視点人物を捉え返すことが求められています。

(5) 〈叙述〉を問い続けること、〈作品そのもの〉、〈客体そのもの〉の〈影〉との対話と引用

「読み直すこと」は「思考力・判断力・表現力等」の「考えの形成・深化」（中教審答申の「国語科において育成を目指す資質・能力の整理」別添2—1）に展開していく学習過程です。「読み直すこと」＝「〈客体そのもの〉との〈影〉」と対話し続けることは、〈語り手〉と登場人物の相関関係を掘り起こすこととともに展開し、このことは視点人物と対象人物の相関関係を問うこととともに進められていきます。〈語り手〉と〈語り手を超えるもの〉＝〈機能としての語り手〉の相関関係を把握していくことに展開していく場合もあります。こうした展開によって、事態は〈近代の物語文学〉に留まらず、〈近代小説〉が現れてきます。いずれにしても〈読み手〉は〈聴き手〉の立場で作品に向き合うのです。

(6) 教師と学習者の、相互の〈影〉との対話、問われる教師の指導性

ナゾの探究にかかわる「資質・能力」は、学習者にとって自然に身についている「知識・技能」、「思考力・判断力・表現力等」ではなく、「習得」させるべきものです。これは「[創造的・論理的思

考の側面」」、「[他者とのコミュニケーションの側面」」（中教審答申の「国語科において育成を目指す資質・能力の整理」別添2―1）にかかわる学習の課題だからです。こうしたことを「思考力・判断力・表現力等」の問題を考えていくときに看過してはなりません。「読むこと」、「読み直すこと」は学習者相互の〈影〉との対話だけではなく、教師と学習者の、相互の〈影〉との対話の過程として課題になっていくからです。学習者と教材との、相互の〈影〉との対話の過程にかかわって、こうしたことが課題となります。〈影〉との対話は「言語活動」として具体化されていくのですが、その際、「習得」という観点を看過してはならないのです。

教師の指導性が求められています。しかし、教師の指導性は常に学習者から問われています。学習者の、教師にとって〈困った質問〉に向き合おうとすることが教師の指導性の始まりの地点なのです。

(7)「読むこと」は、正解ではなく価値を問うことによって、自己や他者、世界を問い続ける存在になることをめざして

第三項理論に基づく「読むこと」、「読み直すこと」の学習の過程では、正解ではなく、価値が問われていきます。「価値」は、到達不可能な、了解不能の《他者》としての〈客体そのもの〉の〈影〉との対話の中で育まれていきます。学習者と教師が〈わたしのなかの他者〉の領域をいかに囲い込むかが求められています。こうした取り組みが、ポスト・ポストモダンの時代を拓き、学習者の〈主体の構築〉、〈主体の再構築〉にかかわっていくのです。

(8)〈近代小説〉の〈語り〉と〈近代の物語文学〉の〈語り〉の違いに対応して

〈近代の物語文学〉の〈語り〉は〈客体そのもの〉の〈影〉と〈言葉の社会的な約束ごと〉との出会いによって現象します。〈近代の物語文学〉は〈語り―語られ―聴く〉関係として文脈を掘り起こし、そのことによって、視点人物とともに〈語り手〉の〈主体の構築〉にかかわります。こうした〈聴き手〉としての経験が〈読み手〉である学習者の〈主体の構築〉にかかわっていくのです。〈近代小説〉の〈語り〉はそうした〈物語〉の生成に留まらず、その虚偽性を問います。このことは〈近代の物語文学〉の〈語り〉と〈近代小説〉の〈語り〉の違いという問題に展開していきます。〈近代小説〉は〈語り―語られ―聴く〉関係として文脈を掘り起こし、そのことが視点人物には捉えられない対象人物の内面を掘り起こすことになり、〈語り手〉の〈主体の再構築〉にかかわっていくのです。このように視点人物と対象人物の相関関係を問うことが〈語り手〉と〈語り手を超えるもの〉の相関関係を問うことに展開していくとき、〈近代小説〉が現れてきます。生身の〈語り手〉による〈語り〉であれば、〈語り手を超えるもの〉の領域を〈機能としての語り手〉の領域として掘り起こしていくことになり、世界は〈多次元世界〉として現れ、〈語ることの虚偽〉に対する批評がなされていきます。この批評は〈語り手〉の〈主体の再構築〉にかかわります。こうした〈聴き手〉としての経験が〈読み手〉である学習者の〈主体の再構築〉にかかわっていくのです。

〈近代の物語文学〉においては、作品と読者の関係に第三項問題が問われていますが、〈近代小説〉においてはそのことに留まらず、第三項問題が〈語り―語られ―聴く〉の相関関係に内的に構造化されています。こうした違いは、〈近代の物語文学〉が〈言葉以後〉の世界の中にあり、〈近代小説〉が

〈言葉以前〉の地点から〈言葉以後〉の世界を囲い込もうとすることによっています。

Ⅳ　文学作品の「教材研究→授業構想」の全過程

★教材研究と「読むこと」、「読み直すこと」との対応

1　**教材の音読**（句読点・表記・漢字・語句・文法・情報など）**「読むこと」**

2　**あらすじ**（出来事・構成・語り手と登場人物・視点人物と対象人物）**「読むこと」**

3　**叙述（表現や構成の仕方）**（＝〈語り―語られ―聴く〉の相関関係）に関するナゾの探究**「読み直すこと」**

4　**学習課題**（学習者のナゾに向き合って、「音読」、「あらすじ」、「叙述」の研究を踏まえ、「知識・技能」、「思考力・判断力・表現力等」の学習の焦点化）

5　**教材価値／学習価値**（「教育の目的」「単元（題材）目標」の前提）**「読むこと」、「読み直すこと」**

★授業構想と「読むこと」、「読み直すこと」との対応

6　**教育の目的・単元（題材）目標**

教育の目的

○「人間性等」［言葉の内（＝〈わたしのなかの他者〉）と外（＝到達不可能な、了解不能の《他者》）という事態に向き合い、自己や他者、世界を問い続ける存在になること］**「学習の**

「全過程」

単元（題材）目標

(1)**「学びに向かう力」**（主体的に学習に取り組む態度）**「学習の全過程」**

(2)**「知識・技能」**（句読点・表記・漢字・語句・文法・情報など）**「読むこと」、「読み直すこと」**

(3)**「思考力・判断力・表現力等A」**（中教審答申の別添2―1資料の「思考力・判断力・表現力等」のうち［創造的・論理的思考の側面］［感性・情緒の側面］［他者とのコミュニケーションの側面］が対応する。学習指導要領の「思考力・判断力・表現力等」にかかわって「習得」すべき指導事項を提示すること）**「読むこと」、「読み直すこと」**

(4)**「思考力・判断力・表現力等B」**（中教審答申の別添2―1資料の「思考力・判断力・表現力等」のうち《考えの形成・深化》が対応する。学習指導要領の「思考力・判断力・表現力等」にかかわって「活用・探究」の指導事項を提示すること）**「読み直すこと」**

7　授業計画と「教育の目的」、「単元（題材）の目標」との対応

「全過程」⇓教育の目的、単元（題材）目標（1）

第0次「**〈言論の場〉の形成**」（学習の前提にかかわる取り組み）⇓単元（題材）目標（1）

第一次「**出会うこと**」（音読・漢字・語句・文法とナゾの提出と確認など）⇓単元（題材）目標（2）

第二次「**深めること**」（新三読法）

一読目、人／事を読むこと⇓単元（題材）目標（2）、（3）（物語・小説教材）
二読目、関係を読むこと⇓単元（題材）目標（2）、（3）（物語・小説教材）
三読目の前半、〈語り手〉から読むこと⇓単元（題材）目標（2）、（3）（物語・小説教材）
三読目の後半、〈語り手を超えるもの〉（＝〈機能としての語り〉）から読むこと⇓単元（題材）目標（2）、（3）（小説教材）

第三次「考えること」⇓単元（題材）目標（4）

8　**各時の展開案**（導入⇓展開⇓振り返り、「導入」で本時の学習課題を提示し、「展開」で課題に取り組み、その最後に学習の「まとめ」。「振り返り」は学習のメタ認知、自己評価）

9　**各時の評価／単元の評価**（「各時の展開」の「振り返り」／「授業計画」の「考えること」の学習内容の「振り返り」）

註

(1)　拙稿「世界観認識として、「予測困難な時代」を問い質して―「資質・能力」としての〈第三項〉論と「故郷」（魯迅）の「学習課題」の転換」（『日本文学』第66巻8号、二〇一七、日本文学協会）を参照のこと。ただし、この文章では、主に、小・中学校の「国語科」に焦点をあてて論じている。

(2)　田中実監修『「読むこと」の術語集―文学研究・文学教育』（二〇一四、双文社）を参照のこと。第三項理論は、田中実氏によって、一九九九年、「〈本文〉とは何か―プレ〈本文〉の誕生」（田中実・須貝千里編著『〈新しい作品論〉へ、〈新しい教材論〉へ―文学研究と国語教育研究の交差』第一巻、右文書院）においてその第一歩が印され、さらに二〇〇一年、「〈原文〉という第三項―プレ〈本文〉を求めて」（田中実・須貝千里編『文学の力×教材の力 理論編』、教育出版）において、問題の輪郭が明確に提示され、今日に及んでいる。

(3) 田中実「〈自己倒壊〉と〈主体〉の再構築―『美神』・「第一夜」・『高瀬舟』の多次元世界と『羅生門』のこと」（『日本文学』第65巻8号、二〇一六、日本文学協会）を参照のこと。

第三項理論に基づいた授業の姿
―問い続ける学習者を育てる―

難波博孝

Ⅰ　第三項理論に基づく授業の姿

本稿では、田中実氏の提唱する第三項理論に基づいた、文学教材の授業を提案しようとしています。第三項理論を世界観認識＝世界存在の認識のグランドセオリー（一般理論）と考えると、第三項理論は教育の理論としても捉えることができます。第三項理論を教育に適用するということは、世界は容認可能な複数性（＝一つの世界だが見る人によって世界が異なって見えるという意味での複数性）を持つのではなく、世界は還元不可能な複数性（＝ただ一つの世界ではなく複数の世界が並立／乱立するという意味での複数性）を持つということをまずは受け入れることです。また、他者は絶対に了解不可能である（なぜなら私は私の、他者は他者の絶対的世界を持つから）ということを受け入れることです。さらに、私たちが外部の他者を語ることももちろんできない、語ることは必然的に虚偽である、ということを受け入れることでもあります。

これをそのまま受け入れるのならば、今実施されている（国語科も含めた全ての）授業は全く異なる姿となって現れなければなりません。教師と学習者は共に了解不可能なのです。了解しているように見えても、それは、教師と「教師の中の学習者」とが分かり合っているだけであるのです。学習者も、教師の語る授業内容を分かったと感じていたとしても、それは学習者のフィルターを通して分かっただけであり、学習者の外側の「知識」には到達不可能であるのです。

ここまでは、ポストモダンの教育の姿です。ポストモダンの考えを推し進めれば、このように、教育は不可能になります。しかし、第三項理論には、その先があります。私の向こうには、虚無が広がるのではありません。ある学習者は、客体（例えば文学作品という教材）の影に打ちのめされたことを語ることはできます。それがその学習者の中の影（私の中の教材＝私のフィルターで読んだ教材）であったとしても、その学習者の外側に確かにそのような影をもたらした文学作品があると、その学習者が信じています。そして、同じその文学作品が、その学習者以外の他の人々を打ちのめしていることを、その学習者は目のあたりにすることもできます。教師の語る言葉、教師の示す教材、教師によってプロデュースされる活動は、学習者にとっては、了解不可能な客体であったとしても、新たな影を学習者の内部に生み出します。

しかし、教育や授業は、学習者の内部に新たな影を生み出すだけに留まっていてはいけません。その影が、学習者がよりよく生きるために働くようにしなければなりません。言い換えれば、学習者の生きる力となるような、そのような影を、教育や授業で生み出さなければならないのです。

Ⅱ　文学教材による教育の目的とその姿

では、学習者がよりよく生きるその方向性＝教育の目的はどう設定すればいいでしょうか。このことについて私たちは、目指すべき教育の目的を「人が（自己や他者、世界を）問い続ける存在となるようにすること」と置いてみたいと考えています。この混沌とした社会をよりよく生きるためには、もちろん自分で考え自分で行動しなければなりません。そのためには、自己や他者、世界を問い続けること、言い換えると、自己観や他者観、世界観を更新し続けることが必要だと考えます。文学教材の教育なら、文学教材の授業をとおして、「（自己や他者、世界を）問い続ける存在となる」ことです。

とすると、第三項理論に基づいた授業方法は、学習者と教師が一問一答で行う授業や、教師が一人でしゃべりまくる講義式の授業はありえないことになります。また、学習者が一人で行う学習も、自己に閉じこもる可能性が高く、ここでは取り上げないことになります。一方で、学習者同士がただグループを組んで行う授業もありえないことになります。なぜなら、ただグループを組んで行うだけでは、学習者自身や他の学習者の解釈／読みを疑い問い続けるような契機が生まれないからです。

Ⅲ　文学教材を読むことの授業の目標

次に、目的の下にある、授業の目標を考えます。私は、読むことの授業の目標について、二〇一七年に告知された学習指導要領解説国語編に基づく資質・能力の枠組み（「　」で示した部分）と今まで私が考えてきた枠組み（〈　〉で示した部分）とを組み合わせ、次のように考えます。

教育の目的

○（自己や他者、世界を）問い続ける存在となる（「人間性等」〈価値目標〉）

教科の目標

① 「学びに向かう力」〈態度目標〉

② 「読むこと」の「知識・技能」〈技能目標〉

③ 「読むこと」の「思考力・判断力・表現力等」〈技能目標〉

読むことのカリキュラム全体としては、**教育の目的**（「人間性等」〈価値目標〉）に向かうことが大きな軸になりつつ、「学びに向かう力」〈態度目標〉と「読むこと」の「知識・技能」「思考力・判断力・表現力等」〈技能目標〉が組み合わされて、それらを達成することになります。それでは、これらの目標を単元の流れの中でどのように組み合わせていけばいいのでしょうか。

Ⅳ　読むことの授業の単元の流れ

(1)　〈言論の場〉の重要性……第０次の設定

まずある教材を読んでいく前に教師がやることは、「学びに向かう力」〈態度目標〉の形成です。しかし、日本の読むことの授業においては、この〈態度目標〉形成において大きな課題があります。

それは、日本の国語科教科書の教材が〈言論の場〉を剥奪された文章であるということです。

　そもそも文章は、読む場（〈言論の場〉）と共にあります。ある作家の作品なら、既にその作品Aをめぐる〈言論の場〉（その作家の他の作品群、同時期の他の作家の作品群など）が既に構成されています。ところが、教科書は、全く違います。学習者は、その作者や作者の本にかかわる〈言論の場〉に参加しないまま、いきなり教材を読まされてしまうのです。

　そこで私は、当該教材を読むことの前に〈言論の場〉を何らかの形で擬似的に復元・構築すること、そのために単元に第０次を設定することを提案します。具体的には、読むことの授業において、同じ作者の他の本、作者の履歴、時代状況、あるいは、〈対抗言説〉としての他の作者の他の文章、などから選択して、当該の教材を読む前に、教師が準備し学習者が取り組むのです。第０次は、その単元に入る前から、準備を始める（小学校であれば、同じ作者の本を学級にそろえるなど、中高であれば「国語通信」などで予告する、など）のがよいと考えます。

(2)　単元全体の流れ

　ここから、第三項理論に基づいた、第０次以後の単元の流れの一例を説明していきます。これはあくまでも一例であり、本書の授業構想が全てこれに完全に合致しているわけではありませんが、本書の授業構想執筆者は、この趣旨を共有しています。

第０次……〈言論の場〉の疑似構築（「学びに向かう力」形成・「人間性等」への誘い）
第一次……範読とナゾの提出（「学びに向かう力」形成・「人間性等」への誘い）

第二次……新三読法（「読むこと」の「知識・技能」「思考力・判断力・表現力等」の形成）

一読目……人／事を読む

二読目……関係を読む（多くの場合小学校中学年以上）

三読目……語りを読む

三読目の①……語り手から読む（多くの場合中学生以上）

三読目の②……語り手を超える語り手（機能としての語り手）から読む（高校生以上）

第三次……ナゾの解決と表現……「人間性等」の形成

第一次～第三次を貫くのが、〈問題発見・解決〉の〈活動〉です。学習者に即して名付けるなら〈ナゾとき活動〉です。〈問題発見・解決〉＝〈ナゾとき活動〉を単元の言語活動の軸に据えるのは、一つには二〇一六年の中央教育審議会答申や二〇一七年の学習指導要領に「問題解決的な学習」が提起されたことを受けています。もう一つは、文学自体が「問題＝ナゾ」を孕んだものであるという認識に拠ります。第三項理論によれば、永遠に到達できない客体そのもの（例えば、視点人物にとっての対象人物の心の中や、語り手にとっての自分自身の意識下にある思いなど）こそ、「問題」でありナゾでしょう。それを追いかけさせることは、小説や物語の本質に合致するのです。

この一貫した〈問題発見・解決〉の〈活動〉の流れの中に第０次から第三次までの学習があります。また第二次では、それ自体が〈三段階の読み〉を持っています。第一次では、教師の範読を基本としてその文章全体を目で追い、耳から聞くことから始まります。これにより文章全体の概観をつかみます。そして、その教材のナゾを見出していきます。これが、これから続く〈問題発見・解決〉＝〈ナゾとき活動〉の端緒になります。

　第二次は、第一次で見出したナゾ・不思議・疑問を解決していくために作品＝教材を読んでいく〈新三読法〉の段階です。第二次の最初は、「一読目」です。ここでも、作品＝教材全体を扱います。ここでは、人／出来事を読む段階です。登場人物の整理、出来事の整理を行います。誰がどんなことを言いどんなことをしたのか、その結果どうなったのかを確認していきます。その段階で、最初に設定したナゾ・不思議・疑問は解けるかもしれません。

　小学校中学年から高学年にかけて、第二次に「二読目」の段階が生まれます。ここでは、関係を読んでいきます。小学校中学年では、学習指導要領にあるように、登場人物の通時的な心情の変化を追いかけることになります。小学校高学年に入ると、場面場面における共時的な人間関係と、その人間関係自体の変化を作品を通してみていくことになります。そして、この段階で解決できるナゾは解決するようにします。

　中学校から高等学校にかけては、第二次に「三読目」の段階が生まれます。この段階では語りを読むことになります。「三読目」には二つ段階があります。その一つ目は、語り手から読む段階です。これは中学校段階です。中学校では小説を学んでいくときには、「語りの世界＝語り手」が「登場人物の世界＝登場人物」をコントロールしていること、具体的には、登場人物の言動（直接話法であっても）も行動も、語り手が語っているものであり、そこには語り手の思念が入っていること（語りの虚偽）をつかんでいきます。その際、語り手の「語りの相手」としての聞き手に、読者としての学習者がなるように教師は努めていきます。高等学校に入ると、「三読目」二つ目の段階に入ります。その語り手の内面に語り手自身も意識しない深層があることが露呈されるような小説が、高等学校段階では登場します。そのような小説を捉えるために、語り手を超える語り手（機能としての語り手）の視点から小説を読むようにしていきます。

第三次は、第一次で掲げたナゾを、自分なりに、グループなりに、クラスなりに、まとめていき、何らかの形で表現していくことになります。

Ⅴ　一時間の授業のつくり方

一時間の授業も学習者の探究活動が中心であるべきです。一方で、はいまわる活動にならないために、またここで示した教育の目的である「（自己や他者、世界を）問い続ける存在となる」を目指すために、学習者がただ自己内の他者と対話するという、閉じて学ぶことを打破し続けなければなりません。また、自分の中の別の声に耳を傾けるようにする（このことは難波博孝『母語教育という思想』二〇〇八、世界思想社）に詳しく述べました）ように教師は配慮しなければなりません。それでは具体的に一時間の授業の流れを示してみましょう。これも一つの例です。

導入　生活から授業へ……〈態度目標〉形成（五分）

前時のふりかえり（時間を使い過ぎない）・本時の活動のゴール（めあて）と学習の目標（ねら

い）を示す。目的のある音読（範読、一斉音読、役割読みなど）をやる。

教示　本時の活動に必要な知識技能を教示する。……〈技能目標〉形成（五分）

活動　教示された知識・技能を元に活動を学習者が行う……〈技能目標〉形成（三〇分～三五分）

個人活動／ペア活動／グループ活動を適宜組み合わせる・クラス全体の活動は、必要なときに行う。教師からのゆさぶりを、適宜行う。

終末　授業から生活へ……〈価値目標〉への誘い（五分）

形式的なまとめやふりかえりではなく、実質的なまとめやふりかえりを行う。

教師の役割は、授業を前もって組み立てる・本時に必要な知識・技能を教示する・活動を支援する・学習者の思考を深めるようなゆさぶりの質問を、学習者個人／ペア／グループに行う・まとめとふりかえりを価値づけるなどになります。このようにして、常に、教師も学習者も、自己の内部・外部を問い続ける授業をつくりたいと考えます。

あとがきに代えて

―ゼノンの逆説を解放する〈近代小説〉の神髄―

本書の企画はわたくしには望み得る限りの学問上の、万人に開かれた革命的夢の実現であると同時に、そこにはこれを阻む巨大な壁が見えています。本書の総論でも述べましたが、世界は今現在、グローバリズムが逆に自国ファーストを招く閉塞状況にあって、己れの信じる絶対の《神》と相手の信じる絶対の《神》とが究極の相対主義、ニヒリズムの舞台の上で死闘を繰り返し、多大の難民を生み出し、核による世界最終戦争に直面しています。唐突ですが、日本の〈近代小説〉の神髄もまたこの究極の相対主義と対峙してきたのです。これを捉えるには語る主体を相対化するばかりでなく、相対化している主体自体を瓦解した地平、多次元空間（＝同時存在・パラレルワールド）を拓くことが要請されます。

「飛んでいる矢は止まっている」、このゼノンの逆説は諸説あっても呪いのごとく今日まで解けぬ謎として人類に残されていますが、何でもありません。映画のフィルムの一枚一枚を映写機が回すのと同様、瞬間、瞬間には止まっている矢を脳の働きが動かしているのです。いや、ゼノンが「止まっている」＝瞬間と捉えたことも、逆に今目の前に「飛んでいる」＝連続と捉えたことも、実は等しく言語を媒介にした人間の脳内現象、主体の知覚で捉えた意識、知識によって現れる現象なのです。人類の誕生以来、我々はまず外界に生きるための空気があり、大地には光や水や食物があって、そこで生命活動を営んでいます。それを近代社会になると、主体の捉える客体の外部に客観的現実が実在すると妄信、その上げ底で強固にイデオロギーを構築していたのです。実存という考え方も、客観的現実を真実の実体と想定しています。「反映論」の範疇です。ところが、例えば、蜂には蜂の、植物には植物の、あるいは細菌のような微生物のレベルで考えてもよいのですが、それぞれの生命体は自らの生命を維持するため「無機的な世界」から各自の現実を制作して生命活動をなしており、我々人類もその一つを生きているに過ぎなかったのです。客観的な現実は人類が言語によってつくり出した観念だったのです。客体そのものは永遠に捉えることはできません。とは言え、ここが肝心なのですが、そもそもその客体そのものは永遠に沈黙する「語りえぬもの」、了解不能の《他者》〈第三項〉であり、この〈第三項〉がなければ、我々が知覚し、意識し、思惟する現実世界それ自体も存在しないのです。世界は、宇宙は、現実はこの永遠に了解不能の沈黙の領域を組み込んで存在しています。したがってこの〈第三項〉なる「無機的な世界」、あるいは村上春樹の言う、「地下二階」の「無意識」の外部、「地下二階」を組み込むことが必須、実は日本の〈近代小説〉の神髄もこれと当初から対峙していました。現在の学会の研究状況や文芸批評の準拠枠では承認されていませんが、近代的リアリズムは近代の方便・物語でしかないことを『舞姫』以来の〈近代小説〉が明らかにしています。

　もし人類全体が自分達の見ている現実が脳を含めた身体活動の制作に過ぎぬと明晰に目覚めるならば、人類の文化と運命は一変しましょう。《神》なき相対主義と向き合う〈近代小説〉の神髄を掴むには、大森荘蔵の説く「真実の百面相」（『流れとよどみ―哲学断章―』一九八一・五、産業図書）とまず向き合うことです。大森は足元の縄が蛇と見えたならば、その主体にとって蛇が「真実」、「真実」は「百面相」だと説きます。認識行為は確かに主客相関の一回性で現れます。大森はこれを「水深ゼロメートル」と呼び、蓮實重彦は「表層批評」（『表層批評宣言』一九七九・一一、筑摩書房）を掲げて表象文化論を提唱しました。しかし、三好「作品論」及び伝統的比較文学研究の原理論が「言語論的転回」以前の実体論で躓いていたように、これを克服した「表層批評」も、〈近代小説〉を読むには「小説から遠く離れ」るしかなかったのです。人の世の生は一回性ではありません。一回性の連続、そう捉えてはじめてゼノンの呪いからも解放されますが、そのためには、捉えている主体自体が〈自己倒壊〉を起こし、一旦抹殺されることが必須です。己れの識閾下の底を突き破り、主客相関の外部の領域に立つことです。そうなると、近代的自我や自己発見などどうでもよくなります。漱石が高浜虚子著『鶏頭』序（一九〇八・一）で「所謂生死の現象は夢の様なものである。（中略）従って生死界中にあって最も意味の深い、最も第一義なる問題は悉く其光輝を失つてくる」と言っていたこともこれです。生と死は等価、そう捉えてみると、大森の説く「極めて動物的分類でありまた極めて文化的でもある分類」と「世界観上の真偽の分類」とを併せて世界を捉える〈深層批評〉の地平が拓きます。この〈深層批評〉によって夏目漱石・森鷗外・志賀直哉・川端康成・三島由紀夫・村上春樹・川上弘美らの文学、近代小説の神髄が明らかに見えて来るのです。本書はこれによって互いの専門研究をボーダーレスにし、文化の底上げを具体的に目指します。

田中　実

【執筆者一覧】

田中　実　都留文科大学名誉教授

須貝千里　山梨大学名誉教授

難波博孝　広島大学大学院教授

齋藤知也　山梨大学准教授

山中正樹　創価大学教授

中村龍一　松蔭大学教授

相沢毅彦　早稲田大学高等学院教諭

【編著者紹介】

田中　実（たなか　みのる）

都留文科大学名誉教授。1946年福岡県柳川市生まれ。1976年，立教大学大学院博士課程満期退学，同年私立武蔵高等学校教諭，1978年より都留文科大学国文学科に奉職。著書に『小説の力』（大修館書店），『読みのアナーキーを超えて』（右文書院），共編著に『文学の力×教材の力 全10巻』（教育出版）他。

須貝　千里（すがい　せんり）

山梨大学名誉教授。1950年東京都生まれ。文学研究と国語教育研究の相互乗り入れの立場から，国語教育史，文学教育論の研究に取り組む。単著『〈対話〉をひらく文学教育』（有精堂出版），共編著『文学の力×教材の力 全10巻』，『文学が教育にできること』（ともに教育出版）他。

難波　博孝（なんば　ひろたか）

広島大学大学院教育学研究科教授，博士（教育学）。1958年兵庫県姫路市生まれ。1981年に京都大学大学院言語学専攻修士課程を修了。私立報徳学園中学校・高等学校を経て，神戸大学大学院教育学研究科修士課程国語教育専攻修了。愛知県立大学を経て，現在に至る。

21世紀に生きる読者を育てる
第三項理論が拓く文学研究／文学教育　高等学校

2018年10月初版第1刷刊
2019年7月初版第2刷刊

©編著者　田中　実
須貝　千里
難波　博孝
発行者　藤原　光政
発行所　明治図書出版株式会社
http://www.meijitosho.co.jp
（企画）林　知里（校正）川崎満里菜・杉浦佐和子
〒114-0023　東京都北区滝野川7-46-1
振替00160-5-151318　電話03(5907)6703
ご注文窓口　電話03(5907)6668

＊検印省略　組版所　中　央　美　版

Printed in Japan　ISBN978-4-18-219610-2